U0817085

信访工作条例

大字学习版

中国法制出版社
CHINA LEGAL PUBLISHING HOUSE

编辑说明

全民普法是全面依法治国的长期基础性工作。为方便广大读者学习法律法规，中国法制出版社全新编写了“法律法规大字学习版”丛书。在确保法律文本准确的基础上，对法条内容进行了必要的编辑加工，体例新颖，内容翔实，以帮助广大读者学习法律法规，真正让法律走到读者身边、走进读者心里。

本丛书的特点如下：

1. 大字醒目。正文法条内容通过双色印刷、大字号、宽行距等精心设计，版式疏朗，阅读顺畅，致力于为读者带来更佳的阅读体验。

2. 双色标注。对法条以双色、星级及波浪线等形式标注，既能有效消除读者对复杂、烦琐法条的畏难心理，又能帮助读者迅速把握法律法规的脉络。

3. 关联指引。在法条下方标注【相关法条】，方便读者查找翻阅关联内容，举一反三，融会贯通；同时对不易理解的法条，通过【关联指引】【小测试】等版块设计，多维度帮助读者理解法条，力求帮助读者学懂弄通会用。

4. 实用图表。立足读者实际需求，以图表形式对所收录的法律法规重点内容进行总结提炼，贴近生活，通俗易懂，帮助读者更加直观地理解核心条款。

5. 电子增补。为了帮助读者随时掌握法律法规的最新动态，本丛书将适时进行电子增补，请读者登录中国法制出版社网站 http：//www.zgfzs.com“资源下载”频道或者关注我社官方微信公众号“中国法制出版社”免费下载。

中国法制出版社

凡　例

简　称	全　称
宪法	中华人民共和国宪法
公务员法	中华人民共和国公务员法
公职人员政务处分法	中华人民共和国公职人员政务处分法
集会游行示威法	中华人民共和国集会游行示威法
监察法	中华人民共和国监察法
民事诉讼法	中华人民共和国民事诉讼法
人民调解法	中华人民共和国人民调解法
刑法	中华人民共和国刑法
刑事诉讼法	中华人民共和国刑事诉讼法
行政复议法	中华人民共和国行政复议法
行政诉讼法	中华人民共和国行政诉讼法
行政许可法	中华人民共和国行政许可法

续表

简　称	全　称
治安管理处罚法	中华人民共和国治安管理处罚法
仲裁法	中华人民共和国仲裁法
监察法实施条例	中华人民共和国监察法实施条例
政府信息公开条例	中华人民共和国政府信息公开条例

目　　录

信访工作条例

（2022 年 1 月 24 日中共中央政治局会议审议批准　2022 年 2 月 25 日中共中央、国务院发布）

第一章　总　　则

第一条　【制定目的】[1]　为了坚持和加强党对信访工作的全面领导，做好新时代信访工作，保持党和政府同人民群众的密切联系，制定本条例。

关联指引

通过制定《信访工作条例》，总结中国共产党长期以来领导和开展信访工作经验特别是党的十八大以来信访工作制度改革成果，对于坚持党对信访工作的全面领导，理顺信访工作体制机制，进一步规范和加强新时代信访工作，具有重要意义。

① 本书条文主旨为编者所加，为方便读者检索使用，仅供参考，下同。

★ **第二条** **【适用范围】**本条例适用于各级党的机关、人大机关、行政机关、政协机关、监察机关、审判机关、检察机关以及群团组织、国有企事业单位等开展信访工作。

关联指引

根据《宪法》第41条的规定，中华人民共和国公民对于任何国家机关和国家工作人员，有提出批评和建议的权利；对于任何国家机关和国家工作人员的违法失职行为，有向有关国家机关提出申诉、控告或者检举的权利，但是不得捏造或者歪曲事实进行诬告陷害。对于公民的申诉、控告或者检举，有关国家机关必须查清事实，负责处理。任何人不得压制和打击报复。由于国家机关和国家工作人员侵犯公民权利而受到损失的人，有依照法律规定取得赔偿的权利。

☞ **相关法条**

《宪法》第41条

《监察法》第7条、第11条

★ **第三条 【信访工作重要意义】** 信访工作是党的群众工作的重要组成部分，是党和政府了解民情、集中民智、维护民利、凝聚民心的一项重要工作，是各级机关、单位及其领导干部、工作人员接受群众监督、改进工作作风的重要途径。

关联指引

根据《宪法》第27条第2款的规定，一切国家机关和国家工作人员必须依靠人民的支持，经常保持同人民的密切联系，倾听人民的意见和建议，接受人民的监督，努力为人民服务。

★★ **第四条 【指导思想】** 信访工作坚持以马克思列宁主义、毛泽东思想、邓小平理论、“三个代表”重要思想、科学发展观、习近平新时代中国特色社会主义思想为指导，贯彻落实习近平总书记关于加强和改进人民信访工作的重要思想，增强“四个意识”、坚定“四个自信”、做到“两个维护”，牢记为民解难、为党分忧的政治责任，坚守人民情怀，坚持底线思维、法治思维，服务党和国家工作大局，维护群众合法权益，化解信访突出问题，促进社会和谐稳定。

关联指引

“四个意识”，即政治意识、大局意识、核心意识、看齐意识。

“四个自信”，即中国特色社会主义道路自信、理论自信、制度自信、文化自信。

“两个维护”，即坚决维护习近平总书记党中央的核心、全党的核心地位，坚决维护党中央权威和集中统一领导。

☆☆ **第五条 【信访工作原则】** 信访工作应当遵循下列原则：

（一）坚持党的全面领导。把党的领导贯彻到信访工作各方面和全过程，确保正确政治方向。

（二）坚持以人民为中心。践行党的群众路线，倾听群众呼声，关心群众疾苦，千方百计为群众排忧解难。

（三）坚持落实信访工作责任。党政同责、一岗双责，属地管理、分级负责，谁主管、谁负责。

（四）坚持依法按政策解决问题。将信访纳入法治化轨道，依法维护群众权益、规范信访秩序。

（五）坚持源头治理化解矛盾。多措并举、综合施策，着力点放在源头预防和前端化解，把可能引发信访问题的矛盾纠纷化解在基层、化解在萌芽状态。

★ **第六条 【信访工作要求】** 各级机关、单位应当畅通信访渠道，做好信访工作，认真处理信访事项，倾听人民群众建议、意见和要求，接受人民群众监督，为人民群众服务。

关联指引

根据《国务院工作规则》第36条的规定，国务院及各部门要重视信访工作，进一步完善信访制度，畅通和规范群众诉求表达、利益协调、权益保障渠道；国务院领导同志及各部门负责人要亲自阅批重要的群众来信，督促解决重大信访问题。

☞ 相关法条

《国务院工作规则》第36条

▶▶小测试◀◀ *①

1. 信访工作是党的群众工作的重要组成部分，是

* 本书小测试依次设置判断、选择、填空三种题型。

① 【答案】1. √。2. √。3. D。4. ABCD。5. 人大机关；政协机关；审判机关；国有企事业单位。6. 加强和改进；为民解难、为党分忧；突出。

各级机关、单位及其领导干部、工作人员接受群众监督、改进工作作风的重要途径。(　　)

2. 各级机关、单位应当畅通信访渠道，做好信访工作，认真处理信访事项，倾听人民群众建议、意见和要求，接受人民群众监督，为人民群众服务。(　　)

3. 为了坚持和加强党对信访工作的（　　）领导，做好新时代信访工作，保持党和政府同人民群众的密切联系，制定《信访工作条例》。

A. 政治

B. 重点

C. 全方位

D. 全面

4. 信访工作是党的群众工作的重要组成部分，是党和政府（　　）的一项重要工作。

A. 了解民情

B. 集中民智

C. 维护民利

D. 凝聚民心

5.《信访工作条例》适用于各级党的机关、____、行政机关、____、监察机关、____、检察机关以及群团组织、____等开展信访工作。

6. 信访工作坚持以马克思列宁主义、毛泽东思想、邓小平理论、“三个代表”重要思想、科学发展观、习近平新时代中国特色社会主义思想为指导，贯彻落实习近平总书记关于____人民信访工作的重要思想，增强“四个意识”、坚定“四个自信”、做到“两个维护”，牢记____的政治责任，坚守人民情怀，坚持底线思维、法治思维，服务党和国家工作大局，维护群众合法权益，化解信访____问题，促进社会和谐稳定。

第二章　信访工作体制

★ **第七条　【信访工作格局】** 坚持和加强党对信访工作的全面领导，构建党委统一领导、政府组织落实、信访工作联席会议协调、信访部门推动、各方齐抓共管的信访工作格局。

关联指引

信访工作联席会议、信访工作部门要牢记职责使命，坚持人民至上，强化问题导向，主动担当作为，不断提高工作能力和水平。

★★ **第八条　【党中央统一领导信访工作】** 党中央加强对信访工作的统一领导：

（一）强化政治引领，确立信访工作的政治方向和政治原则，严明政治纪律和政治规矩；

（二）制定信访工作方针政策，研究部署信访工作中事关党和国家工作大局、社会和谐稳定、群众权益保障的重大改革措施；

（三）领导建设一支对党忠诚可靠、恪守为民之责、善做群众工作的高素质专业化信访工作队伍，为信访工作提供组织保证。

关联指引

中国共产党是中国特色社会主义事业的领导核心，处在总揽全局、协调各方的地位。要发挥好党内法规在维护党中央集中统一领导、保障党长期执政和国家长治久安方面的重大作用，在推进新时代党的建设新的伟大工程、落实全面从严治党方面的重大作用，确保党在坚持和发展中国特色社会主义的历史进程中始终成为坚强领导核心，为全面建设社会主义现代化国家、实现中华民族伟大复兴的中国梦提供坚强政治保证。

★ **第九条　【地方党委领导本地区信访工作】** 地方党委领导本地区信访工作，贯彻落实党中央关于信访工作的方针政策和决策部署，执行上级党组织关于信访工作的部署要求，统筹信访工作责任体系构建，支持和督促下级党组织做好信访工作。

地方党委常委会应当定期听取信访工作汇报，分析形势，部署任务，研究重大事项，解决突出问题。

★ **第十条　【各级政府依法履行信访工作职责】** 各级政府贯彻落实上级党委和政府以及本级党委关于信

访工作的部署要求，科学民主决策、依法履行职责，组织各方力量加强矛盾纠纷排查化解，及时妥善处理信访事项，研究解决政策性、群体性信访突出问题和疑难复杂信访问题。

关联指引

根据《信访工作条例》第28条第2款的规定，各级机关、单位应当按照诉讼与信访分离制度要求，将涉及民事、行政、刑事等诉讼权利救济的信访事项从普通信访体制中分离出来，由有关政法部门依法处理。

★ **第十一条　【中央信访工作联席会议职责及组成】** 中央信访工作联席会议在党中央、国务院领导下，负责全国信访工作的统筹协调、整体推进、督促落实，履行下列职责：

（一）研究分析全国信访形势，为中央决策提供参考；

（二）督促落实党中央关于信访工作的方针政策和决策部署；

（三）研究信访制度改革和信访法治化建设重大问题和事项；

（四）研究部署重点工作任务，协调指导解决具有普遍性的信访突出问题；

（五）领导组织信访工作责任制落实、督导考核等工作；

（六）指导地方各级信访工作联席会议工作；

（七）承担党中央、国务院交办的其他事项。

中央信访工作联席会议由党中央、国务院领导同志以及有关部门负责同志担任召集人，各成员单位负责同志参加。中央信访工作联席会议办公室设在国家信访局，承担联席会议的日常工作，督促检查联席会议议定事项的落实。

第十二条　【中央信访工作联席会议工作机制】 中央信访工作联席会议根据工作需要召开全体会议或者工作会议。研究涉及信访工作改革发展的重大问题和重要信访事项的处理意见，应当及时向党中央、国务院请示报告。

中央信访工作联席会议各成员单位应当落实联席会议确定的工作任务和议定事项，及时报送落实情况；及时将本领域重大敏感信访问题提请联席会议研究。

★ **第十三条　【地方各级信访工作联席会议工作机制】** 地方各级信访工作联席会议在本级党委和政府领

导下，负责本地区信访工作的统筹协调、整体推进、督促落实，协调处理发生在本地区的重要信访问题，指导下级信访工作联席会议工作。联席会议召集人一般由党委和政府负责同志担任。

地方党委和政府应当根据信访工作形势任务，及时调整成员单位，健全规章制度，建立健全信访信息分析研判、重大信访问题协调处理、联合督查等工作机制，提升联席会议工作的科学化、制度化、规范化水平。

根据工作需要，乡镇党委和政府、街道党工委和办事处可以建立信访工作联席会议机制，或者明确党政联席会定期研究本地区信访工作，协调处理发生在本地区的重要信访问题。

关联指引

完善信访联席会议制度，要强化各级信访联席会议综合协调、组织推动、督导落实等职能作用，形成整合资源、解决信访突出问题的工作合力。根据实际需要，及时调整成员单位组成和专项工作小组设置，进一步明确各自职责任务，建立健全相关工作制度，特别注重从政策层面研究解决带有倾向性、普遍性和合理性的突出问题。

★ **第十四条　【各级党委和政府信访部门职责】** 各级党委和政府信访部门是开展信访工作的专门机构，履行下列职责：

（一）受理、转送、交办信访事项；

（二）协调解决重要信访问题；

（三）督促检查重要信访事项的处理和落实；

（四）综合反映信访信息，分析研判信访形势，为党委和政府提供决策参考；

（五）指导本级其他机关、单位和下级的信访工作；

（六）提出改进工作、完善政策和追究责任的建议；

（七）承担本级党委和政府交办的其他事项。

各级党委和政府信访部门以外的其他机关、单位应当根据信访工作形势任务，明确负责信访工作的机构或者人员，参照党委和政府信访部门职责，明确相应的职责。

★ **第十五条　【其他机关、单位信访工作职责】** 各级党委和政府以外的其他机关、单位应当做好各自职责范围内的信访工作，按照规定及时受理办理信访事项，预防和化解政策性、群体性信访问题，加强对下级机关、单位信访工作的指导。

各级机关、单位应当拓宽社会力量参与信访工作的制度化渠道，发挥群团组织、社会组织和“两代表一委员”、社会工作者等作用，反映群众意见和要求，引导群众依法理性反映诉求、维护权益，推动矛盾纠纷及时有效化解。

乡镇党委和政府、街道党工委和办事处以及村（社区）“两委”应当全面发挥职能作用，坚持和发展新时代“枫桥经验”，积极协调处理化解发生在当地的信访事项和矛盾纠纷，努力做到小事不出村、大事不出镇、矛盾不上交。

关联指引

习近平总书记指出，各级党委和政府要充分认识“枫桥经验”的重大意义，发扬优良作风，适应时代要求，创新群众工作方法，善于运用法治思维和法治方式解决涉及群众切身利益的矛盾和问题，把“枫桥经验”坚持好、发展好，把党的群众路线坚持好、贯彻好。

第十六条　【信访干部队伍建设】各级党委和政府应当加强信访部门建设，选优配强领导班子，配备与形势任务相适应的工作力量，建立健全信访督查专员制度，打造高素质专业化信访干部队伍。各级党委和政府信访部门主要负责同志应当由本级党委或者政府副秘书长〔办公厅（室）副主任〕兼任。

各级党校（行政学院）应当将信访工作作为党性教育内容纳入教学培训，加强干部教育培训。

各级机关、单位应当建立健全年轻干部和新录用干部到信访工作岗位锻炼制度。

各级党委和政府应当为信访工作提供必要的支持和保障，所需经费列入本级预算。

▶▶小测试◀◀①

1. 地方党委负责本地区信访工作，贯彻落实党中央关于信访工作的方针政策和决策部署，执行上一级党组织关于信访工作的部署要求，统筹信访工作责任体系构建，支持和督促下级党组织做好信访工作。(　　)

2. 中央信访工作联席会议由党中央、国务院领导

① 【答案】1. ×，解析：《信访工作条例》第 9 条第 1 款。2. √。3. ×，解析：《信访工作条例》第 13 条第 1 款。4. √。5. ×，解析：《信访工作条例》第 15 条第 3 款。6. ×，解析：《信访工作条例》第 16 条第 1 款。7. B。8. C。9. A。10. A。11. C。12. ABCD。13. CD。14. AB。15. ABC。16. ABCD。17. AC。18. 定期；重大；突出。19. 全体会议；工作会议。20. 党委和政府。21. 职责范围内；预防和化解；指导。22. 本级预算。

同志以及有关部门负责同志担任召集人，各成员单位负责同志参加。（　　）

3. 地方各级信访工作联席会议在本级党委和政府领导下，负责本地区信访工作的统筹协调、整体推进、督促落实，协调处理发生在本地区的所有信访问题，指导下级信访工作联席会议工作。（　　）

4. 各级党委和政府信访部门以外的其他机关、单位应当根据信访工作形势任务，明确负责信访工作的机构或者人员，参照党委和政府信访部门职责，明确相应的职责。（　　）

5. 乡镇党委和政府、街道党工委和办事处以及村（社区）“两委”应当全面发挥职能作用，坚持和发展新时代“枫桥经验”，积极协调处理化解发生在当地的信访事项和矛盾纠纷，努力做到小事不出镇、大事不出县、矛盾不上交。（　　）

6. 各级党委和政府信访部门主要负责同志应当由本级党委或者政府秘书长〔办公厅（室）主任〕兼任。（　　）

7. 中央信访工作联席会议办公室设在（　　），承担联席会议的日常工作，督促检查联席会议议定事项的落实。

A. 中央宣传部

B. 国家信访局

C. 司法部

D. 全国人大

8. 中央信访工作联席会议各成员单位应当落实联席会议确定的工作任务和议定事项，（　　）报送落实情况；及时将本领域重大敏感信访问题提请联席会议研究。

A. 立刻　　B. 立即

C. 及时　　D. 即时

9. 根据工作需要，乡镇党委和政府、街道党工委和办事处可以建立信访工作联席会议机制，或者明确党政联席会定期研究本地区信访工作，协调处理发生在本地区的（　　）信访问题。

A. 重要　　B. 重点

C. 所有　　D. 部分

10. 各级党委和政府应当加强信访部门建设，选优配强领导班子，配备与形势任务相适应的工作力量，建立健全信访（　　）制度，打造高素质专业化信访干部队伍。

A. 督查专员

B. 巡查专员

C. 巡视专员

D. 监察专员

11. 各级党校（行政学院）应当将信访工作作为（　　）教育内容纳入教学培训，加强干部教育培训。

A. 纪律　　　　B. 政治

C. 党性　　　　D. 作风

12. 坚持和加强党对信访工作的全面领导，构建（　　）、各方齐抓共管的信访工作格局。

A. 党委统一领导

B. 政府组织落实

C. 信访工作联席会议协调

D. 信访部门推动

13. 各级政府贯彻落实上级党委和政府以及本级党委关于信访工作的部署要求，科学民主决策、依法履行职责，组织各方力量加强矛盾纠纷排查化解，及时妥善处理信访事项，研究解决（　　）信访突出问题和疑难复杂信访问题。

A. 普遍性　　　　B. 突出性

C. 政策性　　　　D. 群体性

14. 中央信访工作联席会议研究涉及信访工作改

革发展的重大问题和重要信访事项的处理意见，应当及时向（　　）请示报告。

A. 党中央　　　　B. 国务院

C. 中央宣传部　　　　D. 司法部

15. 地方党委和政府应当根据信访工作形势任务，及时调整成员单位，健全规章制度，建立健全信访信息分析研判、重大信访问题协调处理、联合督查等工作机制，提升联席会议工作的（　　）水平。

A. 科学化　　　　B. 制度化

C. 规范化　　　　D. 现代化

16. 各级机关、单位应当拓宽社会力量参与信访工作的制度化渠道，发挥（　　）等作用，反映群众意见和要求，引导群众依法理性反映诉求、维护权益，推动矛盾纠纷及时有效化解。

A. 群团组织

B. 社会组织

C. "两代表一委员"

D. 社会工作者

17. 各级机关、单位应当建立健全（　　）到信访工作岗位锻炼制度。

A. 年轻干部

B. 年轻公务员

C. 新录用干部

D. 新录用公务员

18. 地方党委常委会应当____听取信访工作汇报，分析形势，部署任务，研究____事项，解决____问题。

19. 中央信访工作联席会议根据工作需要召开____或者____。

20. 地方各级信访工作联席会议召集人一般由____负责同志担任。

21. 各级党委和政府以外的其他机关、单位应当做好各自____的信访工作，按照规定及时受理办理信访事项，____政策性、群体性信访问题，加强对下级机关、单位信访工作的____。

22. 各级党委和政府应当为信访工作提供必要的支持和保障，所需经费列入____。

第三章　信访事项的提出和受理

★ **第十七条　【信访事项的提出及信访人】**公民、法人或者其他组织可以采用信息网络、书信、电话、传真、走访等形式，向各级机关、单位反映情况，提出建议、意见或者投诉请求，有关机关、单位应当依规依法处理。

采用前款规定的形式，反映情况，提出建议、意见或者投诉请求的公民、法人或者其他组织，称信访人。

关联指引

“写信”和“走访”是信访人进行信访活动的传统方式，随着信息技术的发展，通信手段更加多样，因此，《信访工作条例》还规定了“信息网络”这种信访形式。

★★ **第十八条　【信访相关事项公开、接访工作和信访人保护】**各级机关、单位应当向社会公布网络信访渠道、通信地址、咨询投诉电话、信访接待的时间和地点、查询信访事项处理进展以及结果的方式等相关事项，在其信访接待场所或者网站公布与信访工作有关的党内法规和法律、法规、规章，信访事项的处理程序，以及其他为信访人提供便利的相关事项。

各级机关、单位领导干部应当阅办群众来信和网上信访、定期接待群众来访、定期下访，包案化解群众反映强烈的突出问题。

市、县级党委和政府应当建立和完善联合接访工作机制，根据工作需要组织有关机关、单位联合接待，一站式解决信访问题。

任何组织和个人不得打击报复信访人。

关联指引

以最高人民法院为例，为便利人民群众依法行使申诉信访权利，最高人民法院正式上线了人民法院网上申诉信访平台。人民法院网上申诉信访平台是顺应新时代发展，畅通人民群众申诉信访渠道的重要举措，有利于进一步加强人民法院申诉信访工作科学化、信息化、规范化建设，形成人民法院“信访网上办、结果网上复、事项网上督、形势网上判”的全流程网上申诉信访工作新模式，对提高申诉信访工作质量和效率、切实维护群众合法权益、更好服务党和国家工作大局具有重要意义。

根据国务院《全面推进依法行政实施纲要》第26条的规定，任何行政机关和个人不得以任何理由或者借口压制、限制人民群众信访和举报，不得打击报复信访和举报人员，不得将信访、举报材料及有关情况透露或者转送给被举报人。

☞ **相关法条**

《国务院关于印发〈全面推进依法行政实施纲要〉的通知》

☆☆ **第十九条　【提出信访事项的具体要求】** 信访人一般应当采用书面形式提出信访事项，并载明其姓名(名称)、住址和请求、事实、理由。对采用口头形式提出的信访事项，有关机关、单位应当如实记录。

信访人提出信访事项，应当客观真实，对其所提供材料内容的真实性负责，不得捏造、歪曲事实，不得诬告、陷害他人。

信访事项已经受理或者正在办理的，信访人在规定期限内向受理、办理机关、单位的上级机关、单位又提出同一信访事项的，上级机关、单位不予受理。

关联指引

信访人应当保证其提出的信访事项是客观真实的。根据《宪法》第38条的规定，中华人民共和国公民的人格尊严不受侵犯。禁止用任何方法对公民进行侮辱、诽谤和诬告陷害。根据《宪法》第41条第1款的规定，中华人民共和国公民……对于任何国家机关和国家工作人员的违法失职行为，有向有关国家机关提出申诉、控告或者检举的权利，但是不得捏造或者歪曲事实进行诬告陷害。根据《刑法》第243条的规定，捏造事实诬告陷害他人，意图使他人受刑事追究，情节严重的，处3年以下有期徒刑、拘役或者管制；造成严重后果的，处3年以上10年以下有期徒刑。不是有意诬陷，而是错告，或者检举失实的，不适用前述规定。

☞ 相关法条

《宪法》第38条

《刑法》第243条

★★ **第二十条　【采用走访形式提出信访事项的具体要求】** 信访人采用走访形式提出信访事项的，应当到有权处理的本级或者上一级机关、单位设立或者指定的接待场所提出。

信访人采用走访形式提出涉及诉讼权利救济的信访事项，应当按照法律法规规定的程序向有关政法部门提出。

多人采用走访形式提出共同的信访事项的，应当推选代表，代表人数不得超过5人。

各级机关、单位应当落实属地责任，认真接待处理群众来访，把问题解决在当地，引导信访人就地反映问题。

关联指引

根据《人民检察院受理控告申诉依法导入法律程序实施办法》第6条、第7条的规定，对不涉及民商事、行政、刑事等诉讼权利救济的普通信访事项，根据“属地管理、分级负责，谁主管、谁负责”原则，人民检察院控告检察部门应当告知控告人、申诉人向主管机关反映，或者将控告、申诉材料转送主管机关并告知控告人、申诉人，同时做好解释说明和教育疏导工作。对涉及民商事、行政、刑事等诉讼权利救济，依法可以通过法律程序解决的控告、申诉，属于本级检察院管辖的，人民检察院控告检察部门应当按照相关规定移送本院有关部门办理；属于其他人民检察院管辖的，告知控告人、申诉人向有管辖权的人民检察院提出，或者将控告、申诉材料转送有管辖权的人民检察院并告知控告人、申诉人。对属于本级检察院正在法律程序中办理的案件，当事人等诉讼参与人提出控告或者申诉，但法律未规定相应救济途径的，控告检察部门接收材料后应当及时移送本院案件承办部门，承办部门应当继续依法按程序办理，并做好当事人等诉讼参与人的解释说明工作。

★ **第二十一条　【信访工作信息化、智能化建设】** 各级党委和政府应当加强信访工作信息化、智能化建设，依规依法有序推进信访信息系统互联互通、信息共享。

各级机关、单位应当及时将信访事项录入信访信息系统，使网上信访、来信、来访、来电在网上流转，方便信访人查询、评价信访事项办理情况。

★ **第二十二条　【各级党委和政府信访部门收到信访事项的处理】** 各级党委和政府信访部门收到信访事项，应当予以登记，并区分情况，在15日内分别按照下列方式处理：

（一）对依照职责属于本级机关、单位或者其工作部门处理决定的，应当转送有权处理的机关、单位；情况重大、紧急的，应当及时提出建议，报请本级党委和政府决定。

（二）涉及下级机关、单位或者其工作人员的，按照“属地管理、分级负责，谁主管、谁负责”的原则，转送有权处理的机关、单位。

（三）对转送信访事项中的重要情况需要反馈办理结果的，可以交由有权处理的机关、单位办理，要求其在指定办理期限内反馈结果，提交办结报告。

各级党委和政府信访部门对收到的涉法涉诉信件，应当转送同级政法部门依法处理；对走访反映涉诉问题的信访人，应当释法明理，引导其向有关政法部门反映问题。对属于纪检监察机关受理的检举控告类信访事项，应当按照管理权限转送有关纪检监察机关依规依纪依法处理。

关联指引

根据《监察法实施条例》第172条的规定，信访举报部门归口受理监察机关管辖监察对象涉嫌职务违法和职务犯罪问题的检举控告，统一接收有关监察机关以及其他单位移送的相关检举控告，移交监察机关监督检查部门或者相关部门，并将移交情况通报案件监督管理部门。

☞ **相关法条**

《监察法实施条例》第 172 条

★★ **第二十三条　【其他机关、单位收到信访事项的处理】** 党委和政府信访部门以外的其他机关、单位收到信访人直接提出的信访事项，应当予以登记；对属于本机关、单位职权范围的，应当告知信访人接收情况以及处理途径和程序；对属于本系统下级机关、单位职权范围的，应当转送、交办有权处理的机关、单位，并告知信访人转送、交办去向；对不属于本机关、单位或者本系统职权范围的，应当告知信访人向有权处理的机关、单位提出。

对信访人直接提出的信访事项，有关机关、单位能够当场告知的，应当当场书面告知；不能当场告知的，应当自收到信访事项之日起 15 日内书面告知信访人，但信访人的姓名（名称）、住址不清的除外。

对党委和政府信访部门或者本系统上级机关、单位转送、交办的信访事项，属于本机关、单位职权范围的，有关机关、单位应当自收到之日起15日内书面告知信访人接收情况以及处理途径和程序；不属于本机关、单位或者本系统职权范围的，有关机关、单位应当自收到之日起5个工作日内提出异议，并详细说明理由，经转送、交办的信访部门或者上级机关、单位核实同意后，交还相关材料。

政法部门处理涉及诉讼权利救济事项、纪检监察机关处理检举控告事项的告知按照有关规定执行。

第二十四条　【涉及多个单位的信访事项的协调处理】涉及两个或者两个以上机关、单位的信访事项，由所涉及的机关、单位协商受理；受理有争议的，由其共同的上一级机关、单位决定受理机关；受理有争议且没有共同的上一级机关、单位的，由共同的信访工作联席会议协调处理。

应当对信访事项作出处理的机关、单位分立、合并、撤销的，由继续行使其职权的机关、单位受理；职责不清的，由本级党委和政府或者其指定的机关、单位受理。

☞ **相关法条**

《国家赔偿法》第7条

《行政复议法》第15条

《行政诉讼法》第26条

★★ **第二十五条　【对重大、紧急信访事项和信访信息的处理】** 各级机关、单位对可能造成社会影响的重大、紧急信访事项和信访信息，应当及时报告本级党委和政府，通报相关主管部门和本级信访工作联席会议办公室，在职责范围内依法及时采取措施，防止不良影响的产生、扩大。

地方各级党委和政府信访部门接到重大、紧急信访事项和信访信息，应当向上一级信访部门报告，同时报告国家信访局。

☆★★ **第二十六条　【信访人的禁止行为】** 信访人在信访过程中应当遵守法律、法规，不得损害国家、社会、集体的利益和其他公民的合法权利，自觉维护社会公共秩序和信访秩序，不得有下列行为：

（一）在机关、单位办公场所周围、公共场所非法聚集，围堵、冲击机关、单位，拦截公务车辆，或者堵塞、阻断交通；

（二）携带危险物品、管制器具；

（三）侮辱、殴打、威胁机关、单位工作人员，非法限制他人人身自由，或者毁坏财物；

（四）在信访接待场所滞留、滋事，或者将生活不能自理的人弃留在信访接待场所；

（五）煽动、串联、胁迫、以财物诱使、幕后操纵他人信访，或者以信访为名借机敛财；

（六）其他扰乱公共秩序、妨害国家和公共安全的行为。

关联指引

信访人行使信访权利的同时，应当遵守相关法律、法规的规定。根据《宪法》第51条的规定，中华人民共和国公民在行使自由和权利的时候，不得损害国家的、社会的、集体的利益和其他公民的合法的自由和权利。

根据《集会游行示威法》第29条的规定，举行集会、游行、示威，有犯罪行为的，依照刑法有关规定追究刑事责任。携带武器、管制刀具或者爆炸物的，依照刑法有关规定追究刑事责任。未依照本法规定申请或者申请未获许可，或者未按照主管机关许可的起止时间、地点、路线进行，又拒不服从解散命令，严重破坏社会秩序的，对集会、游行、示威的负责人和直接责任人员依照刑法有关规定追究刑事责任。包围、冲击国家机关，致使国家机关的公务活动或者国事活动不能正常进行的，对集会、游行、示威的负责人和直接责任人员依照刑法有关规定追究刑事责任。占领公共场所、拦截车辆行人或者聚众堵塞交通，严重破坏公共场所秩序、交通秩序的，对集会、游行、示威的负责人和直接责任人员依照刑法有关规定追究刑事责任。

根据《治安管理处罚法》第23条的规定，有下列行为之一的，处警告或者200元以下罚款；情节较重的，处5日以上10日以下拘留，可以并处500元以下罚款：(1) 扰乱机关、团体、企业、事业单位秩序，致使工作、生产、营业、医疗、教学、科研不能正常进行，尚未造成严重损失的；(2) 扰乱车站、港口、码头、机场、商场、公园、展览馆或者其他公共场所秩序的……(4) 非法拦截或者强登、扒乘机动车、船舶、航空器以及其他交通工具，影响交通工具正常行驶的……聚众实施前款行为的，对首要分子处10日以上15日以下拘留，可以并处

1000元以下罚款。

根据《治安管理处罚法》第30条的规定，违反国家规定，制造、买卖、储存、运输、邮寄、携带、使用、提供、处置爆炸性、毒害性、放射性、腐蚀性物质或者传染病病原体等危险物质的，处10日以上15日以下拘留；情节较轻的，处5日以上10日以下拘留。

根据《治安管理处罚法》第32条的规定，非法携带枪支、弹药或者弩、匕首等国家规定的管制器具的，处5日以下拘留，可以并处500元以下罚款；情节较轻的，处警告或者200元以下罚款。非法携带枪支、弹药或者弩、匕首等国家规定的管制器具进入公共场所或者公共交通工具的，处5日以上10日以下拘留，可以并处500元以下罚款。根据《刑法》第130条的规定，非法携带枪支、弹药、管制刀具或者爆炸性、易燃性、放射性、毒害性、腐蚀性物品，进入公共场所或者公共交通工具，危及公共安全，情节严重的，处3年以下有期徒刑、拘役或者管制。

根据《治安管理处罚法》第42条的规定，有下列行为之一的，处5日以下拘留或者500元以下罚款；情节较重的，处5日以上10日以下拘留，可以并处500元以下罚款：……（2）公然侮辱他人或者捏造事实诽谤他人的；（3）捏造事实诬告陷害他人，企图使他人受到刑事追究或者受到治安管理处罚的；（4）对证人及其近亲属进行威胁、侮辱、殴打或者打击报复的……根据《刑法》第238条的规定，非法拘禁他人或者以其他方法非法剥夺他人人身自由的，处3年以下有期徒刑、拘役、管制或者剥夺政治权利。具有殴打、侮辱情节的，从重处罚。

根据《治安管理处罚法》第43条的规定，殴打他人的，或者故意伤害他人身体的，处5日以上10日以下拘留，并处200元以上500元以下罚款；情节较轻的，处5日以下拘留或者500元以下罚款。有下列情形之一的，处10日以上15日以下拘留，并处500元以上1000元以下罚款：（1）结伙殴打、伤害他人的；（2）殴打、伤害残疾人、孕妇、不满14周岁的人或者60周岁以上的人的；（3）多次殴打、伤害他人或者一次殴打、伤害多人的。

根据《刑法》第293条的规定，有下列寻衅滋事行为之一，破坏社会秩序的，处5年以下有期徒刑、拘役或者管制：（1）随意殴打他人，情节恶劣的；（2）追逐、拦截、辱骂、恐吓他人，情节恶劣的；（3）强拿硬要或者任意损毁、占用公私财物，情节严重的；（4）在公共场所起哄闹事，造成公共场所秩序严重混乱的。纠集他人多次实施前款行为，严重破坏社会秩序的，处5年以上10年以下有期徒刑，可以并处罚金。

根据《治安管理处罚法》第55条的规定，煽动、策划非法集会、游行、示威，不听劝阻的，处10日以上15日以下拘留。

☞ 相关法条

《集会游行示威法》第7条

《刑法》第238条

《治安管理处罚法》第23条、第30条、第32条、第42条、第43条、第55条

▶▶小测试◀◀①

1. 信访人提出信访事项，应当客观真实，对其所提供材料内容的法律性负责，不得捏造、歪曲事实，不得诬告、陷害他人。(　　)

2. 各级机关、单位应当落实属地责任，认真接待处理群众来访，把问题解决在当地，引导信访人就地反映问题。(　　)

3. 各级党委和政府应当加强信访工作信息化、智能化建设，依规依法有序推进信访信息系统互联互通、信息共享。(　　)

4. 对信访人直接提出的信访事项，有关机关、单位能够当场告知的，应当当场口头告知。(　　)

5. 涉及两个或者两个以上机关、单位的信访事项，由所涉及的机关、单位协商受理；受理有争议

---

① 【答案】1. ×，解析：《信访工作条例》第19条第2款。2. √。3. √。4. ×，解析：《信访工作条例》第23条第2款。5. ×，解析：《信访工作条例》第24条第1款。6. ×，解析：《信访工作条例》第25条第1款。7. B。8. B。9. D。10. C。11. C。12. C。13. A。14. ABCD。15. ABCD。16. ABCD。17. ABCD。18. ABC。19. 书面；口头；如实。20. 走访；指定。21. 网上流转；查询、评价。22. 诉讼权利救济；检举控告。23. 共同的信访工作联席会议。

的，由其中一方的上级机关、单位决定受理机关。（ ）

6. 各级机关、单位对可能造成社会影响的信访事项和信访信息，应当及时报告本级党委和政府，通报相关主管部门和本级信访工作联席会议办公室，在职责范围内依法及时采取措施，防止不良影响的产生、扩大。（ ）

7. 市、县级党委和政府应当建立和完善联合接访工作机制，根据工作需要组织有关机关、单位联合接待，（ ）解决信访问题。

A. 一次性　　B. 一站式

C. 及时　　D. 即时

8. 信访事项已经受理或者正在办理的，信访人在规定期限内向受理、办理机关、单位的上级机关、单位又提出同一信访事项的，上级机关、单位（ ）受理。

A. 可以　　B. 不予

C. 应当　　D. 必须

9. 信访人采用（ ）形式提出涉及诉讼权利救济的信访事项，应当按照法律法规规定的程序向有关政法部门提出。

A. 信息网络　　B. 书信

C. 电话　　D. 走访

10. 多人采用走访形式提出共同的信访事项的，应当推选代表，代表人数不得超过（　　）人。

A. 2　　B. 3

C. 5　　D. 7

11. 对信访人直接提出的信访事项，有关机关、单位不能当场告知的，应当自收到信访事项之日起（　　）日内书面告知信访人，但信访人的姓名（名称）、住址不清的除外。

A. 5　　B. 10

C. 15　　D. 30

12. 对党委和政府信访部门或者本系统上级机关、单位转送、交办的信访事项，属于本机关、单位职权范围的，有关机关、单位应当自收到之日起（　　）日内书面告知信访人接收情况以及处理途径和程序；不属于本机关、单位或者本系统职权范围的，有关机关、单位应当自收到之日起（　　）个工作日内提出异议，并详细说明理由，经转送、交办的信访部门或者上级机关、单位核实同意后，交还相关材料。

A. 5；15　　B. 10；10

C. 15；5　　D. 30；30

13. 地方各级党委和政府信访部门接到（　　）信访事项和信访信息，应当向上一级信访部门报告，同时报告国家信访局。

A. 重大、紧急

B. 特大、紧急

C. 十分重大、紧急

D. 十分特大、紧急

14. 公民、法人或者其他组织可以采用（　　）、走访等形式，向各级机关、单位反映情况，提出建议、意见或者投诉请求，有关机关、单位应当依规依法处理。

A. 信息网络　　B. 书信

C. 电话　　D. 传真

15. 下列关于信访的说法正确的是：（　　）

A. 各级机关、单位应当向社会公布网络信访渠道、通信地址、咨询投诉电话、信访接待的时间和地点、查询信访事项处理进展以及结果的方式等相关事项

B. 各级机关、单位应当在其信访接待场所或者网站公布与信访工作有关的党内法规和法律、法规、

规章，信访事项的处理程序

C. 各级机关、单位应当向社会公布为信访人提供便利的相关事项

D. 任何组织和个人不得打击报复信访人

16. 各级机关、单位领导干部应当（　　），包案化解群众反映强烈的突出问题。

A. 阅办群众来信

B. 阅办网上信访

C. 定期接待群众来访

D. 定期下访

17. 党委和政府信访部门以外的其他机关、单位对信访事项的处理，正确的是：（　　）

A. 党委和政府信访部门以外的其他机关、单位收到信访人直接提出的信访事项，应当予以登记

B. 党委和政府信访部门以外的其他机关、单位收到信访人直接提出的信访事项，对属于本机关、单位职权范围的，应当告知信访人接收情况以及处理途径和程序

C. 党委和政府信访部门以外的其他机关、单位收到信访人直接提出的信访事项，对属于本系统下级机关、单位职权范围的，应当转送、交办有权处理的

机关、单位，并告知信访人转送、交办去向

D. 党委和政府信访部门以外的其他机关、单位收到信访人直接提出的信访事项，对不属于本机关、单位或者本系统职权范围的，应当告知信访人向有权处理的机关、单位提出

18. 应当对信访事项作出处理的机关、单位（　　）的，由继续行使其职权的机关、单位受理；职责不清的，由本级党委和政府或者其指定的机关、单位受理。

A. 分立　　B. 合并

C. 撤销　　D. 破产

19. 信访人一般应当采用____形式提出信访事项，并载明其姓名（名称）、住址和请求、事实、理由。对采用____形式提出的信访事项，有关机关、单位应当____记录。

20. 信访人采用____形式提出信访事项的，应当到有权处理的本级或者上一级机关、单位设立或者____的接待场所提出。

21. 各级机关、单位应当及时将信访事项录入信访信息系统，使网上信访、来信、来访、来电在____，方便信访人____信访事项办理情况。

22. 政法部门处理涉及____事项、纪检监察机关处理____事项的告知按照有关规定执行。

23. 涉及两个或者两个以上机关、单位的信访事项，由所涉及的机关、单位协商受理；受理有争议且没有共同的上一级机关、单位的，由____协调处理。

第四章　信访事项的办理

第二十七条　【信访事项的处理要求】各级机关、单位及其工作人员应当根据各自职责和有关规定，按照诉求合理的解决问题到位、诉求无理的思想教育到位、生活困难的帮扶救助到位、行为违法的依法处理的要求，依法按政策及时就地解决群众合法合理诉求，维护正常信访秩序。

★★ **第二十八条　【办理信访事项的工作要求、诉讼与信访分离制度、回避制度】**各级机关、单位及其工作人员办理信访事项，应当恪尽职守、秉公办事，查明事实、分清责任，加强教育疏导，及时妥善处理，不得推诿、敷衍、拖延。

各级机关、单位应当按照诉讼与信访分离制度要求，将涉及民事、行政、刑事等诉讼权利救济的信访事项从普通信访体制中分离出来，由有关政法部门依法处理。

各级机关、单位工作人员与信访事项或者信访人有直接利害关系的，应当回避。

关联指引

根据《公务员法》第76条、第77条的规定，公务员执行公务时，有下列情形之一的，应当回避：(1) 涉及本人利害关系的；(2) 涉及与本人有《公务员法》第74条第1款所列亲属关系人员的利害关系（即夫妻关系、直系血亲关系、三代以内旁系血亲关系以及近姻亲关系）的；(3) 其他可能影响公正执行公务的。公务员有应当回避情形的，本人应当申请回避；利害关系人有权申请公务员回避。其他人员可以向机关提供公务员需要回避的情况。机关根据公务员本人或者利害关系人的申请，经审查后作出是否回避的决定，也可以不经申请直接作出回避决定。

公务员应当服从回避决定。无正当理由拒不服从的，应当予以免职或者降职使用，直至不再形成回避关系。公务员应当及时主动报告需要回避的情形。有需要回避的情形不及时报告或者故意隐瞒的，应当区分不同情况，予以批评教育、责令检查、诫勉、组织调整或者组织处理；影响公正执行公务，造成不良后果的，应当给予相应处分。

☞ **相关法条**

《公务员法》第76条、第77条

《民事诉讼法》第47~50条

《刑事诉讼法》第19~32条

《行政诉讼法》第55条

第二十九条 【对信访人反映的情况、提出的建议意见类事项的处理及相关机制】 对信访人反映的情况、提出的建议意见类事项，有权处理的机关、单位应当认真研究论证。对科学合理、具有现实可行性的，应当采纳或者部分采纳，并予以回复。

信访人反映的情况、提出的建议意见，对国民经济和社会发展或者对改进工作以及保护社会公共利益有贡献的，应当按照有关规定给予奖励。

各级党委和政府应当健全人民建议征集制度，对涉及国计民生的重要工作，主动听取群众的建议意见。

☆ **第三十条 【对信访人提出的检举控告类事项的处理及纪律要求】** 对信访人提出的检举控告类事项，纪检监察机关或者有权处理的机关、单位应当依规依纪依法接收、受理、办理和反馈。

党委和政府信访部门应当按照干部管理权限向组

织（人事）部门通报反映干部问题的信访情况，重大情况向党委主要负责同志和分管组织（人事）工作的负责同志报送。组织（人事）部门应当按照干部选拔任用监督的有关规定进行办理。

不得将信访人的检举、揭发材料以及有关情况透露或者转给被检举、揭发的人员或者单位。

关联指引

干部选拔任用监督检查重点内容包括：(1) 坚持党管干部原则情况。重点监督检查是否按照干部管理权限由党委（党组）履行干部选拔任用责任，是否按照民主集中制和党委（党组）议事规则、决策程序讨论决定干部任免事项。(2) 坚持好干部标准和树立正确用人导向情况。重点监督检查是否坚持德才兼备、以德为先，坚持五湖四海、任人唯贤，坚持事业为上、公道正派；是否坚持新时期好干部标准，严把政治关、品行关、能力关、作风关、廉洁关，选拔任用忠诚干净担当的干部。(3) 执行干部选拔任用工作政策规定情况。重点监督检查是否按照机构规格和职数、资格条件、工作程序选拔任用干部；是否深入考察，认真查核，对人选严格把关；是否严格执行交流、回避、任期、退休、干部选拔任用请示报告等制度规定；是否严格落实干部管理监督制度。(4) 遵守组织人事纪律和匡正选人用人风气情况。重点监督检查是否严格遵守干部选拔任用工作纪律，是否采取有力措施严肃查处和纠正选人用人不正之风。(5) 促进干部担当作为情况。重点监督检查是否采取有效措施激励干部担当作为，是否对不担当不作为的干部严格管理、严肃问责。

根据《刑事诉讼法》第 111 条第 3 款的规定，公安机关、人民检察院或者人民法院应当保障报案人、控告人、举报人及其近亲属的安全。报案人、控告人、举报人如果不愿公开自己的姓名和报案、控告、举报的行为，应当为他保守秘密。

根据《公职人员政务处分法》第 63 条的规定，监察机关及其工作人员违反规定处置问题线索的，窃取、泄露调查工作信息，或者泄露检举事项、检举受理情况以及检举人信息的，对负有责任的领导人员和直接责任人员依法给予处理。

☞ **相关法条**

《公务员法》第59条

《公职人员政务处分法》第39条、第63条

☆ **第三十一条 【对信访人提出的申诉求决类事项的处理】** 对信访人提出的申诉求决类事项，有权处理的机关、单位应当区分情况，分别按照下列方式办理：

（一）应当通过审判机关诉讼程序或者复议程序、检察机关刑事立案程序或者法律监督程序、公安机关法律程序处理的，涉法涉诉信访事项未依法终结的，按照法律法规规定的程序处理。

（二）应当通过仲裁解决的，导入相应程序处理。

（三）可以通过党员申诉、申请复审等解决的，导入相应程序处理。

（四）可以通过行政复议、行政裁决、行政确认、行政许可、行政处罚等行政程序解决的，导入相应程序处理。

（五）属于申请查处违法行为、履行保护人身权或者财产权等合法权益职责的，依法履行或者答复。

（六）不属于以上情形的，应当听取信访人陈述事实和理由，并调查核实，出具信访处理意见书。对重大、复杂、疑难的信访事项，可以举行听证。

关联指引

根据《民事诉讼法》第 2 条的规定，公民之间、法人之间、其他组织之间以及他们相互之间因财产关系和人身关系提起的民事诉讼，由人民法院适用《民事诉讼法》的规定处理。

根据《刑事诉讼法》第 3 条、第 8 条的规定，对刑事案件的侦查、拘留、执行逮捕、预审，由公安机关负责。检察、批准逮捕、检察机关直接受理的案件的侦查、提起公诉，由人民检察院负责。审判由人民法院负责。除法律特别规定的以外，其他任何机关、团体和个人都无权行使这些权力。人民检察院依法对刑事诉讼实行法律监督。

根据《仲裁法》第 2 条、第 3 条的规定，平等主体的公民、法人和其他组织之间发生的合同纠纷和其他财产权益纠纷，可以仲裁。婚姻、收养、监护、扶养、继承纠纷以及依法应当由行政机关处理的行政争议，不能仲裁。

根据《行政诉讼法》第 12 条的规定，公民、法人或者其他组织提起的下列纠纷，由人民法院适用《行政诉讼法》的规定审理：(1) 对行政拘留、暂扣或者吊销许可证和执照、责令停产停业、没收违法所得、没收非法财物、罚款、警告等行政处罚不服的；(2) 对限制人身自由或者对财产的查封、扣押、冻结等行政强制措施和行政强制执行不服的；(3) 申请行政许可，行政机关拒绝或者在法定期限内不予答复，或者对行政机关作出的有关行政许可的其他决定不服的；(4) 对行政机关作出的关于确认土地、矿藏、水流、森林、山岭、草原、荒地、滩涂、海域等自然资源的所有权或者使用权的决定不服的；(5) 对征收、征用决定及其补偿决定不服的；(6) 申请行政机关履行保护人身权、财产权等合法权益的法定职责，行政机关拒绝履行或者不予答复的；(7) 认为行政机关侵犯其经营自主权或者农村土地承包经营权、农村土地经营权的；(8) 认为行政机关滥用行政权力排除或者限制竞争的；(9) 认为行政机关违法集资、摊派费用或者违法要求履行其他义务的；(10) 认为行政机关没有依法支付抚恤金、最低生活保障待遇或者社会保险待遇的；(11) 认为行政机关不依法履行、未按照约定履行或者违法变更、解除政府特许经营协议、土地房屋征收补偿协议等协议的；（12）认为行政机关侵犯其他人身权、财产权等合法权益的。

☞ 相关法条

《公安机关办理刑事案件程序规定》第3条、第14条

《公安机关办理行政案件程序规定》第2条

《民事诉讼法》第2条、第3条

《刑事诉讼法》第2条、第8条、第19条、第109~114条、第252~258条

《行政复议法》第2条、第3条

《行政诉讼法》第2条、第12条、第13条

《行政许可法》第3条、第7条

《仲裁法》第2条、第3条

★ **第三十二条　【信访处理意见书及督促执行、疏导教育工作】** 信访处理意见书应当载明信访人投诉请求、事实和理由、处理意见及其法律法规依据：

（一）请求事实清楚，符合法律、法规、规章或者其他有关规定的，予以支持；

（二）请求事由合理但缺乏法律依据的，应当作

出解释说明；

（三）请求缺乏事实根据或者不符合法律、法规、规章或者其他有关规定的，不予支持。

有权处理的机关、单位作出支持信访请求意见的，应当督促有关机关、单位执行；不予支持的，应当做好信访人的疏导教育工作。

★ **第三十三条　【对申诉求决类事项的调解、和解】** 各级机关、单位在处理申诉求决类事项过程中，可以在不违反政策法规强制性规定的情况下，在裁量权范围内，经争议双方当事人同意进行调解；可以引导争议双方当事人自愿和解。经调解、和解达成一致意见的，应当制作调解协议书或者和解协议书。

☞ **相关法条**

《人民调解法》第 3 条

《民事诉讼法》第 9 条

★★ **第三十四条　【对其他申诉求决类事项的办理期限】** 对本条例第三十一条第六项规定的信访事项应当自受理之日起 60 日内办结；情况复杂的，经本机关、单位负责人批准，可以适当延长办理期限，但延长期限不得超过 30 日，并告知信访人延期理由。

★ **第三十五条　【请求复查及复查意见】** 信访人对

信访处理意见不服的，可以自收到书面答复之日起30日内请求原办理机关、单位的上一级机关、单位复查。收到复查请求的机关、单位应当自收到复查请求之日起30日内提出复查意见，并予以书面答复。

★ **第三十六条　【请求复核及复核意见】**信访人对复查意见不服的，可以自收到书面答复之日起30日内向复查机关、单位的上一级机关、单位请求复核。收到复核请求的机关、单位应当自收到复核请求之日起30日内提出复核意见。

复核机关、单位可以按照本条例第三十一条第六项的规定举行听证，经过听证的复核意见可以依法向社会公示。听证所需时间不计算在前款规定的期限内。

信访人对复核意见不服，仍然以同一事实和理由提出投诉请求的，各级党委和政府信访部门和其他机关、单位不再受理。

★ **第三十七条　【社会矛盾纠纷多元预防调处化解原则及帮扶救助】**各级机关、单位应当坚持社会矛盾纠纷多元预防调处化解，人民调解、行政调解、司法调解联动，综合运用法律、政策、经济、行政等手段和教育、协商、疏导等办法，多措并举化解矛盾纠纷。

各级机关、单位在办理信访事项时，对生活确有困难的信访人，可以告知或者帮助其向有关机关或者机构依法申请社会救助。符合国家司法救助条件的，有关政法部门应当按照规定给予司法救助。

地方党委和政府以及基层党组织和基层单位对信访事项已经复查复核和涉法涉诉信访事项已经依法终结的相关信访人，应当做好疏导教育、矛盾化解、帮扶救助等工作。

关联指引

根据《最高人民法院关于加强和规范人民法院国家司法救助工作的意见》第3条的规定，当事人因生活面临急迫困难提出国家司法救助申请，符合下列情形之一的，应当予以救助：(1)刑事案件被害人受到犯罪侵害，造成重伤或者严重残疾，因加害人死亡或者没有赔偿能力，无法通过诉讼获得赔偿，陷入生活困难的；(2)刑事案件被害人受到犯罪侵害危及生命，急需救治，无力承担医疗救治费用的；(3)刑事案件被害人受到犯罪侵害而死亡，因加害人死亡或者没有赔偿能力，依靠被害人收入为主要生活来源的近亲属无法通过诉讼获得赔偿，陷入生活困难的；（4）刑事案件被害人受到犯罪侵害，致使其财产遭受重大损失，因加害人死亡或者没有赔偿能力，无法通过诉讼获得赔偿，陷入生活困难的；（5）举报人、证人、鉴定人因举报、作证、鉴定受到打击报复，致使其人身受到伤害或财产受到重大损失，无法通过诉讼获得赔偿，陷入生活困难的；（6）追索赡养费、扶养费、抚养费等，因被执行人没有履行能力，申请执行人陷入生活困难的；（7）因道路交通事故等民事侵权行为造成人身伤害，无法通过诉讼获得赔偿，受害人陷入生活困难的；（8）人民法院根据实际情况，认为需要救助的其他人员。涉诉信访人，其诉求具有一定合理性，但通过法律途径难以解决，且生活困难，愿意接受国家司法救助后息诉息访的，可以参照本意见予以救助。

☞ 相关法条

《人民调解法》第3条

《民事诉讼法》第9条

《最高人民法院关于加强和规范人民法院国家司法救助工作的意见》第3条

▶▶小测试◀◀①

1. 各级机关、单位应当按照诉讼与信访分离制度要求，将涉及民事、行政、刑事等诉讼权利救济的信访事项从普通信访体制中分离出来，由有关政法部门依法处理。(　　)

2. 各级机关、单位工作人员与信访事项或者信访人有直接利害关系的，可以不回避。(　　)

3. 信访人反映的情况、提出的建议意见，对国民经济和社会发展或者对改进工作以及保护社会公共利益有贡献的，应当按照有关规定给予奖励。(　　)

4. 党委和政府信访部门应当按照干部管理权限向组织（人事）部门通报反映干部问题的信访情况，重大情况向党委主要负责同志和分管组织（人事）工作的负责同志报送。组织（人事）部门应当按照干部选拔任用监督的有关规定进行办理。(　　)

---

① 【答案】1. √。2. ×，解析：《信访工作条例》第 28 条第 3 款。3. √。4. √。5. √。6. ×，解析：《信访工作条例》第 36 条第 1 款。7. ×，解析：《信访工作条例》第 36 条第 3 款。8. D。9. A。10. B。11. B。12. A。13. ABCD。14. ABC。15. BCD。16. 恪尽职守、秉公办事；教育疏导；推诿、敷衍、拖延。17. 征集；国计民生。18. 检举控告类。19. 书面；30 日；30 日。20. 困难；社会。

5. 对《信访工作条例》第 31 条第 6 项规定的信访事项应当自受理之日起 60 日内办结；情况复杂的，经本机关、单位负责人批准，可以适当延长办理期限，但延长期限不得超过 30 日，并告知信访人延期理由。（　　）

6. 信访人对复查意见不服的，可以向原办理机关、单位的上一级机关、单位请求复核。（　　）

7. 信访人对复核意见不服，仍然以同一事实和理由提出投诉请求的，各级党委和政府信访部门和其他机关、单位可以受理。（　　）

8. 对信访人反映的情况、提出的建议意见类事项，有权处理的机关、单位应当认真研究论证。对科学合理、具有（　　）的，应当采纳或者部分采纳，并予以回复。

A. 普遍性

B. 群体性

C. 紧迫性

D. 现实可行性

9. 不得将信访人的检举、揭发材料以及有关情况（　　）被检举、揭发的人员或者单位。

A. 透露或者转给

B. 透露或者转交

C. 泄漏或者转给

D. 泄漏或者转交

10. 各级机关、单位在处理（　　）事项过程中，可以在不违反政策法规强制性规定的情况下，在裁量权范围内，经争议双方当事人同意进行调解。

A. 涉法涉诉类

B. 申诉求决类

C. 提出意见类

D. 反映情况类

11. 信访人对信访处理意见不服的，可以自收到书面答复之日起（　　）日内请求原办理机关、单位的上一级机关、单位复查。

A. 15　　B. 30

C. 60　　D. 90

12. 复核机关、单位可以按照《信访工作条例》第 31 条第 6 项的规定举行听证，经过听证的复核意见可以依法向社会（　　）。

A. 公示　　B. 公布

C. 公开　　D. 公告

13. 各级机关、单位及其工作人员应当根据各自职责和有关规定，按照（　　）的要求，依法按政策及时就地解决群众合法合理诉求，维护正常信访秩序。

A. 诉求合理的解决问题到位

B. 诉求无理的思想教育到位

C. 生活困难的帮扶救助到位

D. 行为违法的依法处理

14. 各级机关、单位应当坚持社会矛盾纠纷多元预防调处化解，（　　）联动，综合运用法律、政策、经济、行政等手段和教育、协商、疏导等办法，多措并举化解矛盾纠纷。

A. 人民调解

B. 行政调解

C. 司法调解

D. 社会调解

15. 地方党委和政府以及基层党组织和基层单位对信访事项已经复查复核和涉法涉诉信访事项已经依法终结的相关信访人，应当做好（　　）等工作。

A. 法律援助

B. 疏导教育

C. 矛盾化解

D. 帮扶救助

16. 各级机关、单位及其工作人员办理信访事项，应当____，查明事实、分清责任，加强____，及时妥善处理，不得____。

17. 各级党委和政府应当健全人民建议____制度，对涉及____的重要工作，主动听取群众的建议意见。

18. 对信访人提出的____事项，纪检监察机关或者有权处理的机关、单位应当依规依纪依法接收、受理、办理和反馈。

19. 信访人对复查意见不服的，可以自收到____答复之日起____内向复查机关、单位的上一级机关、单位请求复核。收到复核请求的机关、单位应当自收到复核请求之日起____内提出复核意见。

20. 各级机关、单位在办理信访事项时，对生活确有____的信访人，可以告知或者帮助其向有关机关或者机构依法申请____救助。

第五章　监督和追责

★ 第三十八条　【各级党委和政府对信访工作的专项督查】各级党委和政府应当对开展信访工作、落实信访工作责任的情况组织专项督查。

信访工作联席会议及其办公室、党委和政府信访部门应当根据工作需要开展督查，就发现的问题向有关地方和部门进行反馈，重要问题向本级党委和政府报告。

各级党委和政府督查部门应当将疑难复杂信访问题列入督查范围。

关联指引

根据《政府督查工作条例》第14条的规定，县级以上人民政府可以组织开展综合督查、专项督查、事件调查、日常督办、线索核查等政府督查工作。

★ 第三十九条　【各级党委和政府对信访工作情况的考核】各级党委和政府应当以依规依法及时就地解决信访问题为导向，每年对信访工作情况进行考核。

考核结果应当在适当范围内通报，并作为对领导班子和有关领导干部综合考核评价的重要参考。

对在信访工作中作出突出成绩和贡献的机关、单位或者个人，可以按照有关规定给予表彰和奖励。

对在信访工作中履职不力、存在严重问题的领导班子和领导干部，视情节轻重，由信访工作联席会议进行约谈、通报、挂牌督办，责令限期整改。

关联指引

根据《公务员法》第51~54条的规定，对工作表现突出，有显著成绩和贡献，或者有其他突出事迹的公务员或者公务员集体，给予奖励。奖励坚持定期奖励与及时奖励相结合，精神奖励与物质奖励相结合、以精神奖励为主的原则。奖励分为：嘉奖、记三等功、记二等功、记一等功、授予称号。对受奖励的公务员或者公务员集体予以表彰，并对受奖励的个人给予一次性奖金或者其他待遇。给予公务员或者公务员集体奖励，按照规定的权限和程序决定或者审批。

☞ **相关法条**

《公务员法》第51~54条

★★ **第四十条　【党委和政府信访部门对有关机关、单位信访工作的建议权】**党委和政府信访部门发现有关机关、单位存在违反信访工作规定受理、办理信访事项，办理信访事项推诿、敷衍、拖延、弄虚作假或者拒不执行信访处理意见等情形的，应当及时督办，并提出改进工作的建议。

对工作中发现的有关政策性问题，应当及时向本级党委和政府报告，并提出完善政策的建议。

对在信访工作中推诿、敷衍、拖延、弄虚作假造成严重后果的机关、单位及其工作人员，应当向有管理权限的机关、单位提出追究责任的建议。

对信访部门提出的改进工作、完善政策、追究责任的建议，有关机关、单位应当书面反馈采纳情况。

第四十一条　【信访情况年度报告、向巡视巡察机构提供信访情况】党委和政府信访部门应当编制信访情况年度报告，每年向本级党委和政府、上一级党委和政府信访部门报告。年度报告应当包括下列内容：

（一）信访事项的数据统计、信访事项涉及领域以及被投诉较多的机关、单位；

（二）党委和政府信访部门转送、交办、督办情况；

（三）党委和政府信访部门提出改进工作、完善政策、追究责任建议以及被采纳情况；

（四）其他应当报告的事项。

根据巡视巡察工作需要，党委和政府信访部门应当向巡视巡察机构提供被巡视巡察地区、单位领导班子及其成员和下一级主要负责人有关信访举报，落实信访工作责任制，具有苗头性、倾向性的重要信访问题，需要巡视巡察工作关注的重要信访事项等情况。

★ **第四十二条　【对导致信访事项发生，造成严重后果的情形的处理】** 因下列情形之一导致信访事项发生，造成严重后果的，对直接负责的主管人员和其他直接责任人员，依规依纪依法严肃处理；构成犯罪的，依法追究刑事责任：

（一）超越或者滥用职权，侵害公民、法人或者其他组织合法权益；

（二）应当作为而不作为，侵害公民、法人或者其他组织合法权益；

（三）适用法律、法规错误或者违反法定程序，侵害公民、法人或者其他组织合法权益；

（四）拒不执行有权处理机关、单位作出的支持信访请求意见。

关联指引

根据《刑法》第397条的规定，国家机关工作人员滥用职权或者玩忽职守，致使公共财产、国家和人民利益遭受重大损失的，处3年以下有期徒刑或者拘役；情节特别严重的，处3年以上7年以下有期徒刑。国家机关工作人员徇私舞弊，犯前罪的，处5年以下有期徒刑或者拘役；情节特别严重的，处5年以上10年以下有期徒刑。

☞ **相关法条**

《公职人员政务处分法》第39条

《刑法》第397条

★★ **第四十三条　【对各级党委和政府信访部门收到信访事项未依规依纪依法办理的处理】** 各级党委和政府信访部门对收到的信访事项应当登记、转送、交办而未按照规定登记、转送、交办，或者应当履行督办职责而未履行的，由其上级机关责令改正；造成严重后果的，对直接负责的主管人员和其他直接责任人员依规依纪依法严肃处理。

★ **第四十四条　【对负有受理信访事项职责的机关、单位程序违规的处理】** 负有受理信访事项职责的机关、单位有下列情形之一的，由其上级机关、单位责令改正；造成严重后果的，对直接负责的主管人员和其他直接责任人员依规依纪依法严肃处理：

（一）对收到的信访事项不按照规定登记；

（二）对属于其职权范围的信访事项不予受理；

（三）未在规定期限内书面告知信访人是否受理信访事项。

☞ **相关法条**

《公务员法》第59~65条

《公职人员政务处分法》第39条

☆☆ **第四十五条　【对有权处理信访事项的机关、单位不履行或不正确履行职责的处理】** 对信访事项有权处理的机关、单位有下列情形之一的，由其上级机关、单位责令改正；造成严重后果的，对直接负责的主管人员和其他直接责任人员依规依纪依法严肃处理：

（一）推诿、敷衍、拖延信访事项办理或者未在规定期限内办结信访事项；

（二）对事实清楚，符合法律、法规、规章或者其他有关规定的投诉请求未予支持；

（三）对党委和政府信访部门提出的改进工作、

完善政策等建议重视不够、落实不力，导致问题长期得不到解决；

（四）其他不履行或者不正确履行信访事项处理职责的情形。

关联指引

根据《信访工作条例》第28条的规定，各级机关、单位及其工作人员办理信访事项应当恪尽职守、秉公办事，查明事实、分清责任，加强教育疏导，及时妥善处理。

☞ **相关法条**

《刑法》第382条、第397条

★★ **第四十六条　【对有关机关、单位及人员违规违纪违法行为的处理】**有关机关、单位及其领导干部、工作人员有下列情形之一的，由其上级机关、单位责令改正；造成严重后果的，对直接负责的主管人员和其他直接责任人员依规依纪依法严肃处理；构成犯罪的，依法追究刑事责任：

（一）对待信访人态度恶劣、作风粗暴，损害党群干群关系；

（二）在处理信访事项过程中吃拿卡要、谋取私利；

（三）对规模性集体访、负面舆情等处置不力，导致事态扩大；

（四）对可能造成社会影响的重大、紧急信访事项和信访信息隐瞒、谎报、缓报，或者未依法及时采取必要措施；

（五）将信访人的检举、揭发材料或者有关情况透露、转给被检举、揭发的人员或者单位；

（六）打击报复信访人；

（七）其他违规违纪违法的情形。

关联指引

根据《刑法》第254条的规定，国家机关工作人员滥用职权、假公济私，对控告人、申诉人、批评人、举报人实行报复陷害的，处2年以下有期徒刑或者拘役；情节严重的，处2年以上7年以下有期徒刑。

☞ **相关法条**

《刑法》第254条、第382条

☆☆ 第四十七条 【对信访人违规违法行为的处理】

信访人违反本条例第二十条、第二十六条规定的，有关机关、单位工作人员应当对其进行劝阻、批评或者教育。

信访人滋事扰序、缠访闹访情节严重，构成违反治安管理行为的，或者违反集会游行示威相关法律法规的，由公安机关依法采取必要的现场处置措施、给予治安管理处罚；构成犯罪的，依法追究刑事责任。

信访人捏造歪曲事实、诬告陷害他人，构成违反治安管理行为的，依法给予治安管理处罚；构成犯罪的，依法追究刑事责任。

关联指引

根据《治安管理处罚法》第 26 条的规定，有下列行为之一的，处 5 日以上 10 日以下拘留，可以并处 500 元以下罚款；情节较重的，处 10 日以上 15 日以下拘留，可以并处 1000 元以下罚款：（1）结伙斗殴的；（2）追逐、拦截他人的；（3）强拿硬要或者任意损毁、占用公私财物的；（4）其他寻衅滋事行为。

根据《刑法》第 293 条的规定，有下列寻衅滋事行为之一，破坏社会秩序的，处 5 年以下有期徒刑、拘役或者管制：（1）随意殴打他人，情节恶劣的；（2）追逐、拦截、辱骂、恐吓他人，情节恶劣的；（3）强拿硬要或者任意损毁、占用公私财物，情节严重的；（4）在公共场所起哄闹事，造成公共场所秩序严重混乱的。纠集他人多次实施前述行为，严重破坏社会秩序的，处5年以上10年以下有期徒刑，可以并处罚金。

根据《治安管理处罚法》第42条的规定，捏造事实诬告陷害他人，企图使他人受到刑事追究或者受到治安管理处罚的，处5日以下拘留或者500元以下罚款；情节较重的，处5日以上10日以下拘留，可以并处500元以下罚款。

根据《刑法》第243条的规定，捏造事实诬告陷害他人，意图使他人受刑事追究，情节严重的，处3年以下有期徒刑、拘役或者管制；造成严重后果的，处3年以上10年以下有期徒刑。国家机关工作人员犯前罪的，从重处罚。不是有意诬陷，而是错告，或者检举失实的，不适用前述规定。

☞ 相关法条

《治安管理处罚法》第26条、第42条

《刑法》第243条、第293条

▶▶小测试◀◀[①]

1. 信访工作联席会议及其办公室、党委和政府信访部门应当根据工作需要开展督查，就发现的问题向有关地方和部门进行反馈，重要问题向本级党委和政府报告。(　　)

2. 各级党委和政府应当以依规依法及时就地解决信访问题为导向，每年对信访工作情况进行考核。考核结果应当向全社会通报，并作为对领导班子和有关领导干部综合考核评价的重要参考。(　　)

3. 对信访工作中发现的有关政策性问题，应当及时向本级党委和政府报告，并提出完善政策的建议。(　　)

① 【答案】1. √。2. ×，解析：《信访工作条例》第39条第1款。3. √。4. ×，解析：《信访工作条例》第41条第1款。5. √。6. √。7. √。8. C。9. C。10. A。11. BC。12. ABCD。13. ACD。14. ABCD。15. ABCD。16. 疑难复杂。17. 突出成绩和贡献。18. 推诿；敷衍；拖延；弄虚作假。19. 责令改正；严重。20. 登记；上级；严重。21. 滋事扰序、缠访闹访；现场处置措施。

4. 党委和政府信访部门应当编制信访情况年度报告，每年向本级党委和政府、上级党委和政府信访部门报告。（　　）

5. 负有受理信访事项职责的机关、单位未在规定期限内书面告知信访人是否受理信访事项的，由其上级机关、单位责令改正；造成严重后果的，对直接负责的主管人员和其他直接责任人员依规依纪依法严肃处理。（　　）

6. 有关机关、单位及其领导干部、工作人员对待信访人态度恶劣、作风粗暴，损害党群干群关系的，由其上级机关、单位责令改正；造成严重后果的，对直接负责的主管人员和其他直接责任人员依规依纪依法严肃处理；构成犯罪的，依法追究刑事责任。（　　）

7. 信访人捏造歪曲事实、诬告陷害他人，构成违反治安管理行为的，依法给予治安管理处罚；构成犯罪的，依法追究刑事责任。（　　）

8. 各级党委和政府应当对开展信访工作、落实信访工作责任的情况组织专项（　　）。

A. 监督　　　　B. 检查

C. 督查　　　　D. 核实

9. 根据巡视巡察工作需要，党委和政府信访部门应当向巡视巡察机构提供被巡视巡察地区、单位领导班子及其成员和下一级主要负责人有关信访举报，落实信访工作责任制，具有（　　）的重要信访问题，需要巡视巡察工作关注的重要信访事项等情况。

A. 苗头性、倾向性、潜在性

B. 苗头性、潜在性

C. 苗头性、倾向性

D. 潜在性、倾向性

10. 多人采用走访形式提出共同的信访事项，推选代表人数为 8 人的，有关机关、单位工作人员应当对其进行（　　）。

A. 劝阻、批评或者教育

B. 劝阻、批评和教育

C. 劝阻、批评或者处罚

D. 劝阻、批评和处罚

11. 对在信访工作中（　　）的领导班子和领导干部，视情节轻重，由信访工作联席会议进行约谈、通报、挂牌督办，责令限期整改。

A. 执行不力

B. 履职不力

C. 存在严重问题

D. 存在重大问题

12. 党委和政府信访部门发现有关机关、单位存在违反信访工作规定受理、办理信访事项，办理信访事项（　　）或者拒不执行信访处理意见等情形的，应当及时督办，并提出改进工作的建议。

A. 推诿

B. 敷衍

C. 拖延

D. 弄虚作假

13. 对信访部门提出的（　　）的建议，有关机关、单位应当书面反馈采纳情况。

A. 改进工作

B. 加强管理

C. 完善政策

D. 追究责任

14. 对信访事项有权处理的机关、单位（　　）的，由其上级机关、单位责令改正；造成严重后果的，对直接负责的主管人员和其他直接责任人员依规依纪依法严肃处理。

A. 推诿、敷衍、拖延信访事项办理或者未在规定期限内办结信访事项

B. 对事实清楚，符合法律、法规、规章或者其他有关规定的投诉请求未予支持

C. 对党委和政府信访部门提出的改进工作、完善政策等建议重视不够、落实不力，导致问题长期得不到解决

D. 不履行或者不正确履行信访事项处理职责

15. 有关机关、单位及其领导干部、工作人员（　　）的，由其上级机关、单位责令改正；造成严重后果的，对直接负责的主管人员和其他直接责任人员依规依纪依法严肃处理；构成犯罪的，依法追究刑事责任。

A. 在处理信访事项过程中吃拿卡要、谋取私利

B. 对规模性集体访、负面舆情等处置不力，导致事态扩大

C. 对可能造成社会影响的重大、紧急信访事项和信访信息隐瞒、谎报、缓报，或者未依法及时采取必要措施

D. 打击报复信访人

16. 各级党委和政府督查部门应当将____信访问题列入督查范围。

17. 对在信访工作中作出____的机关、单位或者

个人，可以按照有关规定给予表彰和奖励。

18. 对在信访工作中____、____、____、____造成严重后果的机关、单位及其工作人员，应当向有管理权限的机关、单位提出追究责任的建议。

19. 各级党委和政府信访部门对收到的信访事项应当登记、转送、交办而未按照规定登记、转送、交办，或者应当履行督办职责而未履行的，由其上级机关____；造成____后果的，对直接负责的主管人员和其他直接责任人员依规依纪依法严肃处理。

20. 负有受理信访事项职责的机关、单位对收到的信访事项不按照规定____的，由其____机关、单位责令改正；造成____后果的，对直接负责的主管人员和其他直接责任人员依规依纪依法严肃处理。

21. 信访人____情节严重，构成违反治安管理行为的，或者违反集会游行示威相关法律法规的，由公安机关依法采取必要的____、给予治安管理处罚；构成犯罪的，依法追究刑事责任。

第六章　附　　则

第四十八条　【外国人、无国籍人、外国组织参照适用】对外国人、无国籍人、外国组织信访事项的处理，参照本条例执行。

第四十九条　【解释机关】本条例由国家信访局负责解释。

第五十条　【施行日期】本条例自 2022 年 5 月 1 日起施行。

中华人民共和国
公务员法（节录）

（2005年4月27日第十届全国人民代表大会常务委员会第十五次会议通过　根据2017年9月1日第十二届全国人民代表大会常务委员会第二十九次会议《关于修改〈中华人民共和国法官法〉等八部法律的决定》修正　2018年12月29日第十三届全国人民代表大会常务委员会第七次会议修订　2018年12月29日中华人民共和国主席令第20号公布　自2019年6月1日起施行）

……

第五十一条　对工作表现突出，有显著成绩和贡献，或者有其他突出事迹的公务员或者公务员集体，给予奖励。奖励坚持定期奖励与及时奖励相结合，精神奖励与物质奖励相结合、以精神奖励为主的原则。

公务员集体的奖励适用于按照编制序列设置的机

构或者为完成专项任务组成的工作集体。

★ **第五十二条** 公务员或者公务员集体有下列情形之一的，给予奖励：

（一）忠于职守，积极工作，勇于担当，工作实绩显著的；

（二）遵纪守法，廉洁奉公，作风正派，办事公道，模范作用突出的；

（三）在工作中有发明创造或者提出合理化建议，取得显著经济效益或者社会效益的；

（四）为增进民族团结，维护社会稳定做出突出贡献的；

（五）爱护公共财产，节约国家资财有突出成绩的；

（六）防止或者消除事故有功，使国家和人民群众利益免受或者减少损失的；

（七）在抢险、救灾等特定环境中做出突出贡献的；

（八）同违纪违法行为作斗争有功绩的；

（九）在对外交往中为国家争得荣誉和利益的；

（十）有其他突出功绩的。

第五十三条 奖励分为：嘉奖、记三等功、记二等功、记一等功、授予称号。

对受奖励的公务员或者公务员集体予以表彰，并对受奖励的个人给予一次性奖金或者其他待遇。

第五十四条 给予公务员或者公务员集体奖励，按照规定的权限和程序决定或者审批。

……

★★ **第五十九条** 公务员应当遵纪守法，不得有下列行为：

（一）散布有损宪法权威、中国共产党和国家声誉的言论，组织或者参加旨在反对宪法、中国共产党领导和国家的集会、游行、示威等活动；

（二）组织或者参加非法组织，组织或者参加罢工；

（三）挑拨、破坏民族关系，参加民族分裂活动或者组织、利用宗教活动破坏民族团结和社会稳定；

（四）不担当，不作为，玩忽职守，贻误工作；

（五）拒绝执行上级依法作出的决定和命令；

（六）对批评、申诉、控告、检举进行压制或者打击报复；

（七）弄虚作假，误导、欺骗领导和公众；

（八）贪污贿赂，利用职务之便为自己或者他人谋取私利；

（九）违反财经纪律，浪费国家资财；

（十）滥用职权，侵害公民、法人或者其他组织的合法权益；

（十一）泄露国家秘密或者工作秘密；

（十二）在对外交往中损害国家荣誉和利益；

（十三）参与或者支持色情、吸毒、赌博、迷信等活动；

（十四）违反职业道德、社会公德和家庭美德；

（十五）违反有关规定参与禁止的网络传播行为或者网络活动；

（十六）违反有关规定从事或者参与营利性活动，在企业或者其他营利性组织中兼任职务；

（十七）旷工或者因公外出、请假期满无正当理由逾期不归；

（十八）违纪违法的其他行为。

第六十条 公务员执行公务时，认为上级的决定或者命令有错误的，可以向上级提出改正或者撤销该决定或者命令的意见；上级不改变该决定或者命令，或者要求立即执行的，公务员应当执行该决定或者命令，执行的后果由上级负责，公务员不承担责任；但是，公务员执行明显违法的决定或者命令的，应当依法承担相应的责任。

★ **第六十一条** 公务员因违纪违法应当承担纪律责任的，依照本法给予处分或者由监察机关依法给予政务处分；违纪违法行为情节轻微，经批评教育后改正的，可以免予处分。

对同一违纪违法行为，监察机关已经作出政务处分决定的，公务员所在机关不再给予处分。

★ **第六十二条** 处分分为：警告、记过、记大过、降级、撤职、开除。

第六十三条 对公务员的处分，应当事实清楚、证据确凿、定性准确、处理恰当、程序合法、手续完备。

公务员违纪违法的，应当由处分决定机关决定对公务员违纪违法的情况进行调查，并将调查认定的事实以及拟给予处分的依据告知公务员本人。公务员有权进行陈述和申辩；处分决定机关不得因公务员申辩而加重处分。

处分决定机关认为对公务员应当给予处分的，应当在规定的期限内，按照管理权限和规定的程序作出处分决定。处分决定应当以书面形式通知公务员本人。

★ **第六十四条** 公务员在受处分期间不得晋升职务、职级和级别，其中受记过、记大过、降级、撤职处分的，不得晋升工资档次。

受处分的期间为：警告，六个月；记过，十二个月；记大过，十八个月；降级、撤职，二十四个月。

受撤职处分的，按照规定降低级别。

第六十五条 公务员受开除以外的处分，在受处分期间有悔改表现，并且没有再发生违纪违法行为的，处分期满后自动解除。

解除处分后，晋升工资档次、级别和职务、职级不再受原处分的影响。但是，解除降级、撤职处分的，不视为恢复原级别、原职务、原职级。

……

★★ **第七十六条** 公务员执行公务时，有下列情形之一的，应当回避：

（一）涉及本人利害关系的；

（二）涉及与本人有本法第七十四条第一款所列亲属关系人员的利害关系的；

（三）其他可能影响公正执行公务的。

第七十七条 公务员有应当回避情形的，本人应当申请回避；利害关系人有权申请公务员回避。其他人员可以向机关提供公务员需要回避的情况。

机关根据公务员本人或者利害关系人的申请，经审查后作出是否回避的决定，也可以不经申请直接作出回避决定。

……

中华人民共和国
公职人员政务处分法（节录）

（2020年6月20日第十三届全国人民代表大会常务委员会第十九次会议通过　2020年6月20日中华人民共和国主席令第46号公布　自2020年7月1日起施行）

……

★ **第三十条**　有下列行为之一的，予以警告、记过或者记大过；情节严重的，予以降级或者撤职：

（一）违反民主集中制原则，个人或者少数人决定重大事项，或者拒不执行、擅自改变集体作出的重大决定的；

（二）拒不执行或者变相不执行、拖延执行上级依法作出的决定、命令的。

……

★ **第三十九条**　有下列行为之一，造成不良后果或者影响的，予以警告、记过或者记大过；情节较重的，予以降级或者撤职；情节严重的，予以开除：

（一）滥用职权，危害国家利益、社会公共利益或者侵害公民、法人、其他组织合法权益的；

（二）不履行或者不正确履行职责，玩忽职守，贻误工作的；

（三）工作中有形式主义、官僚主义行为的；

（四）工作中有弄虚作假，误导、欺骗行为的；

（五）泄露国家秘密、工作秘密，或者泄露因履行职责掌握的商业秘密、个人隐私的。

……

第六十三条 监察机关及其工作人员有下列情形之一的，对负有责任的领导人员和直接责任人员依法给予处理：

（一）违反规定处置问题线索的；

（二）窃取、泄露调查工作信息，或者泄露检举事项、检举受理情况以及检举人信息的；

（三）对被调查人或者涉案人员逼供、诱供，或者侮辱、打骂、虐待、体罚或者变相体罚的；

（四）收受被调查人或者涉案人员的财物以及其他利益的；

（五）违反规定处置涉案财物的；

（六）违反规定采取调查措施的；

（七）利用职权或者职务上的影响干预调查工作、以案谋私的；

（八）违反规定发生办案安全事故，或者发生安全事故后隐瞒不报、报告失实、处置不当的；

（九）违反回避等程序规定，造成不良影响的；

（十）不依法受理和处理公职人员复审、复核的；

（十一）其他滥用职权、玩忽职守、徇私舞弊的行为。

……

中华人民共和国
民事诉讼法（节录）

（1991年4月9日第七届全国人民代表大会第四次会议通过　根据2007年10月28日第十届全国人民代表大会常务委员会第三十次会议《关于修改〈中华人民共和国民事诉讼法〉的决定》第一次修正　根据2012年8月31日第十一届全国人民代表大会常务委员会第二十八次会议《关于修改〈中华人民共和国民事诉讼法〉的决定》第二次修正　根据2017年6月27日第十二届全国人民代表大会常务委员会第二十八次会议《关于修改〈中华人民共和国民事诉讼法〉和〈中华人民共和国行政诉讼法〉的决定》第三次修正　根据2021年12月24日第十三届全国人民代表大会常务委员会第三十二次会议《关于修改〈中华人民共和国民事诉讼法〉的决定》第四次修正）

……

第三条 人民法院受理公民之间、法人之间、其他组织之间以及他们相互之间因财产关系和人身关系提起的民事诉讼，适用本法的规定。

……

★ **第九条** 人民法院审理民事案件，应当根据自愿和合法的原则进行调解；调解不成的，应当及时判决。

……

第四章 回 避

第四十七条 审判人员有下列情形之一的，应当自行回避，当事人有权用口头或者书面方式申请他们回避：

（一）是本案当事人或者当事人、诉讼代理人近亲属的；

（二）与本案有利害关系的；

（三）与本案当事人、诉讼代理人有其他关系，可能影响对案件公正审理的。

审判人员接受当事人、诉讼代理人请客送礼，或者违反规定会见当事人、诉讼代理人的，当事人有权要求他们回避。

审判人员有前款规定的行为的，应当依法追究法律责任。

前三款规定，适用于书记员、翻译人员、鉴定人、勘验人。

第四十八条 当事人提出回避申请，应当说明理由，在案件开始审理时提出；回避事由在案件开始审理后知道的，也可以在法庭辩论终结前提出。

被申请回避的人员在人民法院作出是否回避的决定前，应当暂停参与本案的工作，但案件需要采取紧急措施的除外。

第四十九条 院长担任审判长或者独任审判员时的回避，由审判委员会决定；审判人员的回避，由院长决定；其他人员的回避，由审判长或者独任审判员决定。

第五十条 人民法院对当事人提出的回避申请，应当在申请提出的三日内，以口头或者书面形式作出决定。申请人对决定不服的，可以在接到决定时申请复议一次。复议期间，被申请回避的人员，不停止参与本案的工作。人民法院对复议申请，应当在三日内作出复议决定，并通知复议申请人。

……

中华人民共和国
人民调解法（节录）

（2010 年 8 月 28 日第十一届全国人民代表大会常务委员会第十六次会议通过　2010 年 8 月 28 日中华人民共和国主席令第 34 号公布　自 2011 年 1 月 1 日起施行）

……

★ **第二条**　本法所称人民调解，是指人民调解委员会通过说服、疏导等方法，促使当事人在平等协商基础上自愿达成调解协议，解决民间纠纷的活动。

★ **第三条**　人民调解委员会调解民间纠纷，应当遵循下列原则：

（一）在当事人自愿、平等的基础上进行调解；

（二）不违背法律、法规和国家政策；

（三）尊重当事人的权利，不得因调解而阻止当事人依法通过仲裁、行政、司法等途径维护自己的权利。

第四条 人民调解委员会调解民间纠纷，不收取任何费用。

第五条 国务院司法行政部门负责指导全国的人民调解工作，县级以上地方人民政府司法行政部门负责指导本行政区域的人民调解工作。

基层人民法院对人民调解委员会调解民间纠纷进行业务指导。

第六条 国家鼓励和支持人民调解工作。县级以上地方人民政府对人民调解工作所需经费应当给予必要的支持和保障，对有突出贡献的人民调解委员会和人民调解员按照国家规定给予表彰奖励。

……

中华人民共和国刑法（节录）

（1979 年 7 月 1 日第五届全国人民代表大会第二次会议通过　1997 年 3 月 14 日第八届全国人民代表大会第五次会议修订　根据 1998 年 12 月 29 日第九届全国人民代表大会常务委员会第六次会议通过的《全国人民代表大会常务委员会关于惩治骗购外汇、逃汇和非法买卖外汇犯罪的决定》、1999 年 12 月 25 日第九届全国人民代表大会常务委员会第十三次会议通过的《中华人民共和国刑法修正案》、2001 年 8 月 31 日第九届全国人民代表大会常务委员会第二十三次会议通过的《中华人民共和国刑法修正案（二）》、2001 年 12 月 29 日第九届全国人民代表大会常务委员会第二十五次会议通过的《中华人民共和国刑法修正案（三）》、2002 年 12 月 28 日第九届全国人民代表大会常务委员会第三十一次会议通过的《中华人民共和国刑法修正案

（四）》、2005年2月28日第十届全国人民代表大会常务委员会第十四次会议通过的《中华人民共和国刑法修正案（五）》、2006年6月29日第十届全国人民代表大会常务委员会第二十二次会议通过的《中华人民共和国刑法修正案（六）》、2009年2月28日第十一届全国人民代表大会常务委员会第七次会议通过的《中华人民共和国刑法修正案（七）》、2009年8月27日第十一届全国人民代表大会常务委员会第十次会议通过的《全国人民代表大会常务委员会关于修改部分法律的决定》、2011年2月25日第十一届全国人民代表大会常务委员会第十九次会议通过的《中华人民共和国刑法修正案（八）》、2015年8月29日第十二届全国人民代表大会常务委员会第十六次会议通过的《中华人民共和国刑法修正案（九）》、2017年11月4日第十二届全国人民代表大会常务委员会第三十次会议通过的《中华人民共和国刑法修正案（十）》和2020年12月26日第十三届全国人民代表大会常务委员会第

二十四次会议通过的《中华人民共和国刑法修正案（十一）》修正)①

……

第二百三十八条 非法拘禁他人或者以其他方法非法剥夺他人人身自由的，处三年以下有期徒刑、拘役、管制或者剥夺政治权利。具有殴打、侮辱情节的，从重处罚。

犯前款罪，致人重伤的，处三年以上十年以下有期徒刑；致人死亡的，处十年以上有期徒刑。使用暴力致人伤残、死亡的，依照本法第二百三十四条、第二百三十二条的规定定罪处罚。

为索取债务非法扣押、拘禁他人的，依照前两款的规定处罚。

国家机关工作人员利用职权犯前三款罪的，依照前三款的规定从重处罚。

……

★ **第二百四十三条** 捏造事实诬告陷害他人，意图

① 刑法、历次刑法修正案、涉及修改刑法的决定的施行日期，分别依据各法律所规定的施行日期确定。

使他人受刑事追究，情节严重的，处三年以下有期徒刑、拘役或者管制；造成严重后果的，处三年以上十年以下有期徒刑。

国家机关工作人员犯前款罪的，从重处罚。

不是有意诬陷，而是错告，或者检举失实的，不适用前两款的规定。

……

★ **第二百五十四条** 国家机关工作人员滥用职权、假公济私，对控告人、申诉人、批评人、举报人实行报复陷害的，处二年以下有期徒刑或者拘役；情节严重的，处二年以上七年以下有期徒刑。

……

第二百九十三条 有下列寻衅滋事行为之一，破坏社会秩序的，处五年以下有期徒刑、拘役或者管制：

（一）随意殴打他人，情节恶劣的；

（二）追逐、拦截、辱骂、恐吓他人，情节恶劣的；

（三）强拿硬要或者任意损毁、占用公私财物，情节严重的；

（四）在公共场所起哄闹事，造成公共场所秩序严重混乱的。

纠集他人多次实施前款行为，严重破坏社会秩序的，处五年以上十年以下有期徒刑，可以并处罚金。

……

第三百八十二条 国家工作人员利用职务上的便利，侵吞、窃取、骗取或者以其他手段非法占有公共财物的，是贪污罪。

受国家机关、国有公司、企业、事业单位、人民团体委托管理、经营国有财产的人员，利用职务上的便利，侵吞、窃取、骗取或者以其他手段非法占有国有财物的，以贪污论。

与前两款所列人员勾结，伙同贪污的，以共犯论处。

……

★ **第三百九十七条** 国家机关工作人员滥用职权或者玩忽职守，致使公共财产、国家和人民利益遭受重大损失的，处三年以下有期徒刑或者拘役；情节特别严重的，处三年以上七年以下有期徒刑。本法另有规定的，依照规定。

国家机关工作人员徇私舞弊，犯前款罪的，处五年以下有期徒刑或者拘役；情节特别严重的，处五年以上十年以下有期徒刑。本法另有规定的，依照规定。

……

中华人民共和国刑事诉讼法（节录）

（1979年7月1日第五届全国人民代表大会第二次会议通过　根据1996年3月17日第八届全国人民代表大会第四次会议《关于修改〈中华人民共和国刑事诉讼法〉的决定》第一次修正　根据2012年3月14日第十一届全国人民代表大会第五次会议《关于修改〈中华人民共和国刑事诉讼法〉的决定》第二次修正　根据2018年10月26日第十三届全国人民代表大会常务委员会第六次会议《关于修改〈中华人民共和国刑事诉讼法〉的决定》第三次修正）

……

第二条　中华人民共和国刑事诉讼法的任务，是保证准确、及时地查明犯罪事实，正确应用法律，惩罚犯罪分子，保障无罪的人不受刑事追究，教育公民自觉遵守法律，积极同犯罪行为作斗争，维护社会主义法制，尊重和保障人权，保护公民的人身权利、财产权利、民主权利和其他权利，保障社会主义建设事业的顺利进行。

★ **第三条** 对刑事案件的侦查、拘留、执行逮捕、预审，由公安机关负责。检察、批准逮捕、检察机关直接受理的案件的侦查、提起公诉，由人民检察院负责。审判由人民法院负责。除法律特别规定的以外，其他任何机关、团体和个人都无权行使这些权力。

人民法院、人民检察院和公安机关进行刑事诉讼，必须严格遵守本法和其他法律的有关规定。

……

★ **第八条** 人民检察院依法对刑事诉讼实行法律监督。

……

第十九条 刑事案件的侦查由公安机关进行，法律另有规定的除外。

人民检察院在对诉讼活动实行法律监督中发现的司法工作人员利用职权实施的非法拘禁、刑讯逼供、非法搜查等侵犯公民权利、损害司法公正的犯罪，可以由人民检察院立案侦查。对于公安机关管辖的国家机关工作人员利用职权实施的重大犯罪案件，需要由人民检察院直接受理的时候，经省级以上人民检察院决定，可以由人民检察院立案侦查。

自诉案件，由人民法院直接受理。

……

第一百零九条 公安机关或者人民检察院发现犯罪事实或者犯罪嫌疑人，应当按照管辖范围，立案侦查。

★ **第一百一十条** 任何单位和个人发现有犯罪事实或者犯罪嫌疑人，有权利也有义务向公安机关、人民检察院或者人民法院报案或者举报。

被害人对侵犯其人身、财产权利的犯罪事实或者犯罪嫌疑人，有权向公安机关、人民检察院或者人民法院报案或者控告。

公安机关、人民检察院或者人民法院对于报案、控告、举报，都应当接受。对于不属于自己管辖的，应当移送主管机关处理，并且通知报案人、控告人、举报人；对于不属于自己管辖而又必须采取紧急措施的，应当先采取紧急措施，然后移送主管机关。

犯罪人向公安机关、人民检察院或者人民法院自首的，适用第三款规定。

★ **第一百一十一条** 报案、控告、举报可以用书面或者口头提出。接受口头报案、控告、举报的工作人员，应当写成笔录，经宣读无误后，由报案人、控告人、举报人签名或者盖章。

接受控告、举报的工作人员，应当向控告人、举报人说明诬告应负的法律责任。但是，只要不是捏造事实，伪造证据，即使控告、举报的事实有出入，甚至是错告的，也要和诬告严格加以区别。

公安机关、人民检察院或者人民法院应当保障报案人、控告人、举报人及其近亲属的安全。报案人、控告人、举报人如果不愿公开自己的姓名和报案、控告、举报的行为，应当为他保守秘密。

第一百一十二条 人民法院、人民检察院或者公安机关对于报案、控告、举报和自首的材料，应当按照管辖范围，迅速进行审查，认为有犯罪事实需要追究刑事责任的时候，应当立案；认为没有犯罪事实，或者犯罪事实显著轻微，不需要追究刑事责任的时候，不予立案，并且将不立案的原因通知控告人。控告人如果不服，可以申请复议。

第一百一十三条 人民检察院认为公安机关对应当立案侦查的案件而不立案侦查的，或者被害人认为公安机关对应当立案侦查的案件而不立案侦查，向人民检察院提出的，人民检察院应当要求公安机关说明不立案的理由。人民检察院认为公安机关不立案理由不能成立的，应当通知公安机关立案，公安机关接到通知后应当立案。

第一百一十四条 对于自诉案件，被害人有权向人民法院直接起诉。被害人死亡或者丧失行为能力的，被害人的法定代理人、近亲属有权向人民法院起诉。人民法院应当依法受理。

……

中华人民共和国
行政诉讼法（节录）

（1989年4月4日第七届全国人民代表大会第二次会议通过　根据2014年11月1日第十二届全国人民代表大会常务委员会第十一次会议《关于修改〈中华人民共和国行政诉讼法〉的决定》第一次修正　根据2017年6月27日第十二届全国人民代表大会常务委员会第二十八次会议《关于修改〈中华人民共和国民事诉讼法〉和〈中华人民共和国行政诉讼法〉的决定》第二次修正）

……

第二条　公民、法人或者其他组织认为行政机关和行政机关工作人员的行政行为侵犯其合法权益，有权依照本法向人民法院提起诉讼。

前款所称行政行为，包括法律、法规、规章授权的组织作出的行政行为。

第三条　人民法院应当保障公民、法人和其他组织的起诉权利，对应当受理的行政案件依法受理。

行政机关及其工作人员不得干预、阻碍人民法院受理行政案件。

被诉行政机关负责人应当出庭应诉。不能出庭的，应当委托行政机关相应的工作人员出庭。

……

第二章　受案范围

★ 第十二条　人民法院受理公民、法人或者其他组织提起的下列诉讼：

（一）对行政拘留、暂扣或者吊销许可证和执照、责令停产停业、没收违法所得、没收非法财物、罚款、警告等行政处罚不服的；

（二）对限制人身自由或者对财产的查封、扣押、冻结等行政强制措施和行政强制执行不服的；

（三）申请行政许可，行政机关拒绝或者在法定期限内不予答复，或者对行政机关作出的有关行政许可的其他决定不服的；

（四）对行政机关作出的关于确认土地、矿藏、水流、森林、山岭、草原、荒地、滩涂、海域等自然资源的所有权或者使用权的决定不服的；

（五）对征收、征用决定及其补偿决定不服的；

（六）申请行政机关履行保护人身权、财产权等合法权益的法定职责，行政机关拒绝履行或者不予答复的；

（七）认为行政机关侵犯其经营自主权或者农村土地承包经营权、农村土地经营权的；

（八）认为行政机关滥用行政权力排除或者限制竞争的；

（九）认为行政机关违法集资、摊派费用或者违法要求履行其他义务的；

（十）认为行政机关没有依法支付抚恤金、最低生活保障待遇或者社会保险待遇的；

（十一）认为行政机关不依法履行、未按照约定履行或者违法变更、解除政府特许经营协议、土地房屋征收补偿协议等协议的；

（十二）认为行政机关侵犯其他人身权、财产权等合法权益的。

除前款规定外，人民法院受理法律、法规规定可以提起诉讼的其他行政案件。

★ **第十三条** 人民法院不受理公民、法人或者其他组织对下列事项提起的诉讼：

（一）国防、外交等国家行为；

（二）行政法规、规章或者行政机关制定、发布的具有普遍约束力的决定、命令；

（三）行政机关对行政机关工作人员的奖惩、任免等决定；

（四）法律规定由行政机关最终裁决的行政行为。

……

第二十六条 公民、法人或者其他组织直接向人民法院提起诉讼的，作出行政行为的行政机关是被告。

经复议的案件，复议机关决定维持原行政行为的，作出原行政行为的行政机关和复议机关是共同被告；复议机关改变原行政行为的，复议机关是被告。

复议机关在法定期限内未作出复议决定，公民、法人或者其他组织起诉原行政行为的，作出原行政行为的行政机关是被告；起诉复议机关不作为的，复议机关是被告。

两个以上行政机关作出同一行政行为的，共同作出行政行为的行政机关是共同被告。

行政机关委托的组织所作的行政行为，委托的行政机关是被告。

行政机关被撤销或者职权变更的，继续行使其职权的行政机关是被告。

……

★ **第五十五条** 当事人认为审判人员与本案有利害关系或者有其他关系可能影响公正审判，有权申请审判人员回避。

审判人员认为自己与本案有利害关系或者有其他关系，应当申请回避。

前两款规定，适用于书记员、翻译人员、鉴定人、勘验人。

院长担任审判长时的回避，由审判委员会决定；审判人员的回避，由院长决定；其他人员的回避，由审判长决定。当事人对决定不服的，可以申请复议一次。

……

中华人民共和国治安管理处罚法（节录）

（2005年8月28日第十届全国人民代表大会常务委员会第十七次会议通过　根据2012年10月26日第十一届全国人民代表大会常务委员会第二十九次会议《关于修改〈中华人民共和国治安管理处罚法〉的决定》修正）

……

★ **第二十三条**　有下列行为之一的，处警告或者二百元以下罚款；情节较重的，处五日以上十日以下拘留，可以并处五百元以下罚款：

（一）扰乱机关、团体、企业、事业单位秩序，致使工作、生产、营业、医疗、教学、科研不能正常进行，尚未造成严重损失的；

（二）扰乱车站、港口、码头、机场、商场、公园、展览馆或者其他公共场所秩序的；

（三）扰乱公共汽车、电车、火车、船舶、航空器或者其他公共交通工具上的秩序的；

（四）非法拦截或者强登、扒乘机动车、船舶、航空器以及其他交通工具，影响交通工具正常行驶的；

（五）破坏依法进行的选举秩序的。

聚众实施前款行为的，对首要分子处十日以上十五日以下拘留，可以并处一千元以下罚款。

……

第二十六条 有下列行为之一的，处五日以上十日以下拘留，可以并处五百元以下罚款；情节较重的，处十日以上十五日以下拘留，可以并处一千元以下罚款：

（一）结伙斗殴的；

（二）追逐、拦截他人的；

（三）强拿硬要或者任意损毁、占用公私财物的；

（四）其他寻衅滋事行为。

……

第四十二条 有下列行为之一的，处五日以下拘留或者五百元以下罚款；情节较重的，处五日以上十日以下拘留，可以并处五百元以下罚款：

（一）写恐吓信或者以其他方法威胁他人人身安全的；

（二）公然侮辱他人或者捏造事实诽谤他人的；

（三）捏造事实诬告陷害他人，企图使他人受到刑事追究或者受到治安管理处罚的；

（四）对证人及其近亲属进行威胁、侮辱、殴打或者打击报复的；

（五）多次发送淫秽、侮辱、恐吓或者其他信息，干扰他人正常生活的；

（六）偷窥、偷拍、窃听、散布他人隐私的。

……

第五十条 有下列行为之一的，处警告或者二百元以下罚款；情节严重的，处五日以上十日以下拘留，可以并处五百元以下罚款：

（一）拒不执行人民政府在紧急状态情况下依法发布的决定、命令的；

（二）阻碍国家机关工作人员依法执行职务的；

（三）阻碍执行紧急任务的消防车、救护车、工程抢险车、警车等车辆通行的；

（四）强行冲闯公安机关设置的警戒带、警戒区的。

阻碍人民警察依法执行职务的，从重处罚。

……

第五十五条　煽动、策划非法集会、游行、示威，不听劝阻的，处十日以上十五日以下拘留。

……

附录二　实用图表

信访工作的原则	坚持党的全面领导	
	坚持以人民为中心	
	坚持落实信访工作责任	
	坚持依法按政策解决问题	
	坚持源头治理化解矛盾	
中央信访工作联席会议的职责	研究分析全国信访形势，为中央决策提供参考	
	督促落实党中央关于信访工作的方针政策和决策部署	
	研究信访制度改革和信访法治化建设重大问题和事项	
	研究部署重点工作任务，协调指导解决具有普遍性的信访突出问题	
	领导组织信访工作责任制落实、督导考核等工作	
	指导地方各级信访工作联席会议工作	
	承担党中央、国务院交办的其他事项	
信访事项的提出	提出主体	公民、法人或者其他组织
	提出形式	信息网络、书信、电话、传真、走访等+书面或口头
	真实性要求	信访事项应当客观真实，不得捏造、歪曲事实，不得诬告、陷害他人

续表

信访的提出	重复信访的不予受理	信访事项已经受理或者正在办理的，信访人在规定期限内向受理、办理机关、单位的上级机关、单位又提出同一信访事项的，上级机关、单位不予受理
信访办理期限	一般情形	自受理之日起60日内办结
	情况复杂	经批准可适当延长，延长期限不得超过30日
信访复查	信访人对信访处理意见不服的，可以自收到书面答复之日起30日内请求原办理机关、单位的上一级机关、单位复查；收到复查请求的机关、单位应当自收到复查请求之日起30日内提出复查意见，并书面答复	
信访复核	信访人对复查意见不服的，可以自收到书面答复之日起30日内向复查机关、单位的上一级机关、单位请求复核。收到复核请求的机关、单位应当自收到复核请求之日起30日内提出复核意见	

ISBN 978-7-5216-2558-5

9 787521 625585 >

定价：20.00元

图书在版编目（CIP）数据

信访工作条例：大字学习版 / 中国法制出版社编
.—北京：中国法制出版社，2022.4
（法律法规大字学习版）
ISBN 978-7-5216-2558-5

Ⅰ.①信… Ⅱ.①中… Ⅲ.①信访工作-条例-中国
Ⅳ.①D922.182

中国版本图书馆 CIP 数据核字（2022）第 038789 号

责任编辑：成知博　　　　封面设计：李　宁

信访工作条例：大字学习版
XINFANG GONGZUO TIAOLI：DAZI XUEXIBAN

编者/中国法制出版社
经销/新华书店
印刷/三河市国英印务有限公司
开本/880 毫米×1230 毫米　32 开　　　　印张/4　字数/61 千
版次/2022 年 4 月第 1 版　　　　2022 年 4 月第 1 次印刷

中国法制出版社出版
书号 ISBN 978-7-5216-2558-5　　　　定价：20.00 元

北京市西城区西便门西里甲 16 号西便门办公区
邮政编码：100053　　　　传真：010-63141600
网址：http：//www.zgfzs.com　　　　**编辑部电话：010-63141813**
市场营销部电话：010-63141612　　　　**印务部电话：010-63141606**

（如有印装质量问题，请与本社印务部联系。）